◀ TIMES LEARN M

CONVERSE
IN
MALAY

By the same author

Learn a Phrase a Day

◄ **TIMES LEARN MALAY** ►

CONVERSE
IN
MALAY

Dr. G. Soosai

TIMES BOOKS INTERNATIONAL
Singapore • Kuala Lumpur

First published 1985
Reprinted 1988, 1991, 1995

© 1985 TIMES EDITONS PTE. LTD.

Published by Times Books International
an imprint of Times Editions Pte. Ltd.

Times Centre, 1 New Industrial Road
Singapore 1953.

Times Subang
Lot 46, Subang Hi-Tech Industrial Park
Batu Tiga, 40000 Shah Alam
Selangor Darul Ehsan, Malaysia.

All rights reserved. No part of this publication
may be reproduced, stored in a retrieval system,
or transmitted, in any form or by any means,
electronic, mechanical, photocopying, recording
or otherwise, without the prior permission of the
copyright owner.

Printed by: JBW Printers & Binders Pte. Ltd

ISBN 981 204 353 5

Contents

Introduction *xii*

Conversation
- 1 Mencari Kawan *1*
- 2 Bandar Indah *2*
- 3 Janji *4*
- 4 Hujan *5*
- 5 Bapa Saudara *6*
- 6 Musim Kemarau *8*
- 7 Pertandingan Bola Sepak *10*
- 8 Tetamu *12*
- 9 Bahasa Indonesia *14*
- 10 Penyeludupan *16*
- 11 Pergi ke Pasar *18*
- 12 Sakit *20*
- 13 Kemeja *22*
- 14 Cuti *24*
- 15 Lawatan *27*
- 16 Menziarahi Sahabat *29*
- 17 Gagal Peperiksaan *31*
- 18 Kampung Halaman *33*
- 19 Diri Sendiri *35*
- 20 Berkelah *37*
- 21 Kegiatan Cuti Sekolah *39*

22	Cita-cita	*41*
23	Perpustakaan	*43*
24	Nelayan	*45*
25	Kawan	*47*
26	Anak	*49*
27	Menghantar Telegram	*51*
28	Kampung Saya	*53*
29	Keterangan Peribadi	*55*
30	Di Gerai Makan	*57*
31	Naik Teksi	*59*
32	Kegemaran	*61*
33	Hari Raya	*63*
34	Rancangan Malaysia	*65*
35	Peranan Suratkhabar	*67*
36	Pekerjaan	*69*
37	Kemalangan Jalan Raya	*70*
38	Membaca Novel	*72*
39	Beli Rumah	*73*
40	Tugas Polis	*75*
41	Menuntut di Luar Negeri	*77*
42	Mencari Rumah Sahabat	*79*
43	Keluarga Saya	*81*
44	Kesalahan Lalulintas	*83*
45	Menteri Wanita	*85*
46	Layang-layang	*87*
47	Batu Bersurat	*89*
48	Pengkhianat	*91*
49	Ajaran-ajaran Sesat	*93*
50	Gempa Bumi	*95*
51	Penyakit Kuku dan Mulut	*97*
52	Banjir	*99*
53	Projek Pembangunan	*100*
54	Minyak	*102*
55	Belanjawan	*104*
56	Sampah-sarap	*106*
57	Penderitaan Rakyat	*108*

58	Asrama Anak Yatim	*110*
59	Pencemaran Udara	*112*
60	Jambatan Runtuh	*114*
61	Penjajah	*116*
62	Kegiatan Jenayah	*118*
63	Tabiat Menipu	*120*
64	Perusahaan Pelancongan	*122*
65	Musim Tengkujuh	*124*
66	Fesyen Pakaian	*126*
67	Menjual Tanah	*127*
68	Industri Binaan	*129*
69	Kesesakan Lalulintas	*131*
70	Kaum Kanaq	*133*
71	Kesan Merokok	*135*
72	Membeli-belah	*137*
73	Menulis Surat	*139*
74	Memancing Ikan	*141*
75	Kursus Kepimpinan	*142*
76	Berjimat-cermat	*144*
77	Masalah Petani	*146*
78	Hari Raya Aidiladha	*148*
79	Pencemaran Air	*150*
80	Inflasi	*152*
81	Memilih Nama Anak	*154*
82	Abad Kelima Belas Hijrah	*156*
83	Kegelisahan Petani	*158*
84	Sumbangan Sektor Pertanian	*160*
85	Bencana Alam	*162*
86	Lawatan Menteri ke Kampung	*164*
87	Candi Borobudur	*165*
88	Bunga Telur	*167*
89	Burung Layang-layang	*169*
90	Indonesia	*171*
91	Penjagaan Kulit	*173*
92	Serikandi	*175*
93	Kesihatan	*176*

94	*Glaucoma*	*178*
95	Bukit Fraser	*180*
96	Perkhidmatan Keretapi	*182*
97	Taman Safari	*184*
98	Langit Petang	*186*
99	Gerakan Koperasi	*188*
100	Mengumpul Setem	*190*
101	Kerosakan Gigi	*192*
102	Pilihanraya	*194*
103	Dondang Sayang	*196*
104	Demokrasi	*198*
105	Rukun Tetangga	*200*
106	Boria	*202*
107	Kurikulum 3M	*204*
108	Keretapi Muar	*206*
109	Operasi Banteras Maksiat	*208*
110	Gunung Tahan	*210*
111	Benturung	*212*
112	Ronggeng	*214*
113	Tanjung Bidara	*216*
114	Pantun	*218*
115	Sejarah Melayu	*220*
116	Sistem Kebun Campuran	*222*
117	Demam Malaria	*224*
118	Akaun Perorangan	*226*
119	Tema Musabaqah Membaca Al-Quran	*228*
120	Bank Simpanan Nasional	*230*
121	Skim Amanah Saham Nasional	*232*
122	Tulisan Braille	*234*
123	Penyebaran Agama Islam ke Asia Tenggara	*236*
124	Zoo Negara	*238*
125	Gamelan	*240*
126	Keperluan Beriadah	*242*
127	Pencipta Enjin Diesel	*244*

128	Universiti Islam	*246*
129	Video	*248*
130	Peranan Khatib	*250*
131	Pengaruh Emas	*252*
132	Lapangan Terbang Alor Setar	*254*
133	Kemajuan Bidang Perubatan	*256*
134	Pertandingan Lumba Kuda	*258*
135	Dasar Ekonomi Baru	*260*
136	Pakaian Batik	*262*
137	Kota Famosa	*264*
138	Lukisan Batik	*266*
139	Mata Pelajaran Sejarah	*268*
140	Bank Islam	*270*
141	Nyamuk Aedes	*272*
142	Alat Pandang Dengar	*274*
143	Masalah Pengangguran	*276*
144	Penggunaan Robot	*278*
145	INTAN	*280*
146	Buku Dalam Bahasa Malaysia	*282*
147	Barang-barang Perhiasan Tembaga	*284*
148	Perpaduan Rakyat	*286*
149	Sastera Tradisional	*288*
150	Ilmu Ekonomi	*290*
151	Semangat Membaca	*292*
152	Munsyi Abdullah	*294*
153	Payung	*296*
154	Keris	*298*
155	Gasing	*300*
156	Kraftangan	*302*
157	Pemakaian Topi Keledar	*304*
158	Kegunaan Pokok Kelapa	*306*
159	Perusahaan Perikanan	*308*
160	Penjualan Ubat-ubat Tiruan	*310*
161	Cerita-cerita Penglipur Lara	*312*
162	Sungai Nil	*314*

163	Pesta Menuai	*316*
164	Burung Merbuk	*318*
165	Puisi Kanak-kanak	*320*
166	Kritikan Sastera	*322*
167	Baju Kurung	*324*
168	Seni Kraftangan Perak	*326*
169	Kegunaan Jerami Padi	*328*
170	Masalah Kekurangan Beras	*330*
171	Kursus Menulis Skrip	*332*
172	Perhentian Puduraya	*334*
173	Bahasa Rasmi bagi Malaysia	*336*
174	Pulau Tioman	*338*
175	Sistem Metrik	*340*
176	Kementerian Luar Bandar	*342*
177	Faedah Tahu Membaca	*344*
178	Sistem Berderau	*346*
179	Kemuliaan Hidup	*348*
180	Komputer	*350*
181	Diabetes	*352*
182	Sajak	*354*
183	Bahasa Malaysia	*356*
184	Kebakaran Kilang Papan	*358*
185	Masalah Dadah	*360*
186	Masalah Samsu Gelap	*362*
187	Rancangan Kemajuan Orang Asli	*364*
188	Yayasan Sabah	*366*
189	Kabel Dasar Laut	*368*
190	Kenaikan Tambang Teksi	*370*
191	Skim Amanah Rakyat Sabah	*372*
192	Industri Minyak	*374*
193	Taman Negara	*376*
194	Kuala Lumpur	*378*
195	Pelesenan Pekebun-pekebun Kecil	*380*
196	Industri Berat	*382*

197 Perusahaan Nanas   *384*
198 Punca Penyakit Barah   *386*
199 Bukit Malawati   *388*
200 Ilmu dan Perpaduan   *390*

Introduction

As the sole official language of Malaysia, Malay plays an important part in our lives. It is a very simple but dynamic language. It should be studied with utmost care.

I cultivated a sincere love for the Malay language while still a boy. In fact, it was Tan Sri Datuk Haji Hamdan bin Sheikh Tahir, the present Malaysian representative in UNESCO, Paris, who instilled in me the love of the language. He was my teacher for five years. I owe a deep debt of gratitude to the many scholars and friends who inspired me so much that I was determined to write a series of books on Bahasa Malaysia besides translations of classical and modern works of foreign languages.

Oral composition is essential to train students to express clearly and correctly their interests, feelings, ideas, needs and knowledge. The two hundred topics are selected with meticulous care from my RTM lessons, to enable the learners to make competent use of the language. Among most educationists the value of clear and intelligible speech is widely recognized. Good oral work has a special value in education for it trains students to think clearly and precisely; for muddled thoughts often become clarified when they are given oral expression.

The passages give ample examples in the correct forms and structure and provide a sound base of linguistic habits. Furthermore, the passages give a genuine Malaysian background. In learning languages, it is not enough to know the grammar. The student has to be able to apply it intelligently. The pattern of meaning and sound has to be automatic linguistic reaction. The selected passages serve the ideal purpose, for variety is a good spice in intellectual as well as in physical nourishment.

Improvement in clarity of language is not easy to bring about. It needs imaginative planning to handle this difficulty with understanding. Interesting reading material should provide the incentive to master the new language. This conversational course is a specially devised and ambitiously planned programme. The passages include distinct and vivid descriptions and the meanings of the words and phrases become distinctly impressed on the mind and imbibe complete understanding.

A few of the chosen compositions also deal with poetry. We have to read poetry with imagination to appreciate the general liveliness and rhythmic vigour. As most poems contain lovely sounding words and phrases they give us a soothing effect. How apt are the words of the great poet, Cowper, "Music hath charms to soothe a savage's breast". Glimpses of literature are infused in the passage, as literature is a looking-glass in which we see the culture from whence language springs.

Language is the vital factor of life. We have to remember that when we are using a foreign language, we are bringing into play the same linguistic skills as those we use when we speak or write in our mother tongue. So the speech patterns devised in this course will go a long way to assist the learners to master the essential rudiments of Bahasa Malaysia.

I am grateful to the publisher, for publishing my series of courses: "Converse in Malay" and "Learn a Phrase a Day". I believe, as suggested by the Minister of Information, Datuk Seri Mohd Adib bin Haji Mohd Adam and

Tan Sri Datuk Haji Hamdan bin Sheikh Tahir that this book will benefit thousands of students who wish to master this language.

I dedicate this book to my late mother who passed away in Kuala Kangsar on October 30, 1949. For all that I am, and for all that I hope to be, I am forever indebted to the Great Soul.

Dengan ibu hendaklah hormat,
Supaya badan dapat selamat.

Dr. G. Soosai
Penang
Malaysia

1

Mencari Kawan

A : *Apa khabar?*
B : *Khabar baik.*
A : *Hashim di mana?*
B : *Saya pun tidak tahu.*
A : *Mungkinkah dia di Pulau Pinang sekarang?*
B : *Boleh jadi.*
A : *Saya ingin membincangkan satu hal penting dengan dia.*
B : *Apakah hal penting itu?*
A : *Itu rahsialah.*
B : *Memanglah perkara rahsia hal penting.*
A : *Saya bersetuju dengan pendapat anda.*
B : *Baiklah, saya pun ada hal penting.*
A : *Kita boleh bertemu lagi.*
B : *Baiklah.*

Vocabulary

Apa khabar?	how do you do?
Khabar baik	is the formal reciprocation
Di	is the locative preposition indicating place
ingin membincangkan	wish to discuss
hal penting	important matter
Memanglah	certainly, of course, undoubtedly, definitely. The suffix *-lah* is emphatic.
Saya bersetuju	I agree
Baiklah	alright

2

Bandar Indah

A : *Siapa itu? Alikah?*
B : *Ya, saya Ali!*
A : *Agak lama kita tidak bertemu.*
B : *Memang, saya di Pulau Pinang sekarang.*
A : *Untunglah! Memang baik tinggal di Pulau Mutiara Asia.*
B : *Kuala Lumpur pun bandar indah juga.*
A : *Tetapi bandar ini sangat sibuk.*
B : *Ibu kota mestilah sibuk.*
A : *Walau bagaimanapun kita boleh dapat banyak kemudahan di ibu kota.*
B : *Saya tidak bersetuju. Kemudahan boleh didapati di mana jua pun.*
A : *Tetapi jangan lupa Kuala Lumpur bandar penting.*
B : *Itu saya tidak nafikan.*
A : *Pulau Pinang memang aman. Pemandangan di situ sungguh indah.*
B : *Singgahlah di rumah saya apabila melawat Pulau Pinang.*
A : *Terima kasih. Saya mungkin ke Pulau Pinang minggu hadapan.*

Vocabulary

Siapa itu?	who is that?
-kah	is the interrogative
Agak lama	it's quite some time
Memang baik	it is definitely good
Untunglah!	how lucky!
Mutiara Asia	Pearl of the Orient
sangat sibuk	very busy
mestilah sibuk	should be busy

kemudahan	facilities
Saya tidak bersetuju	I do not agree
Tetapi jangan lupa	but do not forget
Itu saya tidak nafikan	that I do not deny
sungguh indah	very beautiful, breath-taking in beauty
minggu hadapan	next week

3

Janji

A : *Abdul, mengapa duduk di situ?*
B : *Saya menunggu Ramasamy.*
A : *Pukul berapa dia akan ke sini?*
B : *Dia janji pada pukul lima petang tepat.*
A : *Sekarang pukul berapa?*
B : *Kurang lima belas minit pukul lima.*
A : *Belum pukul lima lagi! Mengapa pula awak risau?*
B : *Takut dia lupa!*
A : *Mungkin dia tidak lupa.*
B : *Saya ada urusan penting dengan dia.*
A : *Apakah urusan penting itu?*
B : *Itu rahsialah.*
A : *Kalau begitu, tidak patut disoal lagi.*
B : *Janganlah rasa kecil hati.*
A : *Tidak.*
B : *Lapang rasanya. Dia tidak menghampakan saya.*
A : *Baiklah, saya pun mesti pulang.*

Vocabulary

mengapa duduk di situ?	why are you waiting there?
Saya menunggu	I am waiting for
Pukul berapa	at what time
Dia janji	he promised
lima petang tepat	5 p.m. sharp
Sekarang pukul berapa?	what's the time now?
Mengapa pula awak risau?	why are you so anxious?
Kalau begitu	if that is so
Janganlah berasa kecil hati	don't take it to heart
Lapang rasanya	feel relief
tidak menghampakan	did not disappoint

1

Hujan

A : *Bilatah hujan akan reda?*
B : *Janganlah bersungut.*
A : *Saya lupa bawa payung.*
B : *Ini musim tengkujuh, bukan musim kemarau.*
A : *Janganlah perli.*
B : *Saya tidak perli, saya hanya memberi pendapat saya.*
A : *Nampaknya anda tidak bertimbang rasa.*
B : *Saya memang bertimbang rasa. Maaflah!*
A : *Barulah saya berasa lapang. Hujan pun sudah berhenti.*
B : *Itulah. Lain kali sabarlah dulu.*

Vocabulary

Bilatah hujan akan reda?	when is the rain going to stop? The interrogative *-tah* denotes anger, disappointment, frustration, tension and annoyance.
Janganlah bersungut	please do not grumble. The suffix *-lah* means please.
Ini musim tengkujuh	this is rainy season
bukan musim kemarau	not drought season
Janganlah perli	don't tease. In this sentence the suffix *-lah* denotes anger, annoyance, irritation, provocation and embarrassment.
tidak bertimbang rasa	not considerate
sabarlah	please be patient

5

Bapa Saudara

A : *Awak Hashimkah?*
B : *Ya, Pak Ali! Pakcik masih di Kampung Baru?*
A : *Ya! Pakcik masih di situ. Itulah kampung halaman saya.*
B : *Kampung itu memang aman damai.*
A : *Terima kasih. Hashim ada tiga orang bapa saudara, bukan? Di mana mereka sekarang?*
B : *Ya, Pakcik. Pak Long di Ipoh, Pak Ngah di Kuala Kangsar, dan Pak Su di Taiping.*
A : *Agak lama saya tidak bertemu dengan mereka.*
B : *Pak Ngah mungkin berada di sini pada hari Sabtu.*
A : *Syukurlah. Saya sempat jumpa dia.*
B : *Pasti kami akan melawat rumah Pakcik.*
A : *Saya akan sediakan jamuan istimewa.*
B : *Terima kasih.*

Vocabulary

masih di Kampung Baru?	still in Kampung Baru?
Ya	yes
masih di situ	indicating place
Itulah	that is. The suffix -*lah* in this context is emphatic.
memang aman damai	certainly peaceful
tiga orang bapa saudara	three uncles
Di mana mereka sekarang?	where are they now?
Pakcik	uncle. A polite term to address elderly man.
Pak Long	the eldest uncle. *Long* is the abbreviation of *Sulung* which means eldest.

Pak Ngah	the second uncle. *Ngah* is the abbreviation of *Tengah* which means middle.
Pak Su	the youngest uncle. *Su* is the abbreviation of *Bongsu*.
Mungkin berada di sini	probably be here
Syukurlah	Thanks be to God
akan melawat	will visit
akan sediakan	will prepare
jamuan istimewa	special reception

6

Musim Kemarau

A : *Cuaca hari ini tak begitu baik!*
B : *Apa boleh buat?*
A : *Panas terik!*
B : *Tidak sepanas di gurun.*
A : *Ah, engkau ini cuba perli.*
B : *Saya tidak perli.*
A : *Musim kemarau ini sungguh panjang.*
B : *Ya, betul. Petani-petanilah yang mengalami kesulitan. Nelayan-nelayan tidak terasa. Mereka hanya benci akan musim tengkujuh.*
A : *Penoreh getah suka akan musim kemarau, sebab mereka dapat menoreh.*
B : *Betapa aneh dunia ini. Ada yang benci akan musim tengkujuh, ada yang suka akan musim tengkujuh.*
A : *Bukankah ada peribahasa Melayu, "Rambut sama hitam, hati lain-lain".*
B : *Memang tepat maknanya.*

Vocabulary

Cuaca hari ini	the weather today
Apa boleh buat?	what can we do?
Panas terik	the heat is terrible
sepanas di gurun	as hot as in the desert
cuba perli	trying to tease
sungguh panjang	indeed very long
yang mengalami kesulitan	who are experiencing difficulties
peribahasa	proverb; a wise saying
"Rambut sama hitam, hati lain-lain"	a proverb which has the same meaning as the English "One man's

	meat is another man's poison".
Memang tepat	very appropriate

7

Pertandingan Bola Sepak

A : *Selamat petang, Halim.*
B : *Selamat petang.*
A : *Ke mana pula?*
B : *Ke padang bola.*
A : *Ada pertandingan bola sepak hari ini?*
B : *Ya, Perak bertemu dengan Kedah.*
A : *Siapa agaknya yang akan menang?*
B : *Perak pasti menewaskan Kedah.*
A : *Saya tidak fikir Perak akan menang. Kedah pasti akan menjaringkan sekurang-kurangnya lima gol!*
B : *Tidak payahlah meramalkan. Ikutlah sahaja saya ke padang.*
A : *Pukul berapa sekarang?*
B : *Kurang sepuluh minit pukul lima.*
A : *Hanya ada sepuluh minit lagi sahaja.*
B : *Marilah.*
A : *Siapa akan menang?*
B : *Belum tahu! Tengoklah nanti.*

Vocabulary

Ke mana pula?	where to?
padang bola	play ground, field
pertandingan	competition, match
Perak bertemu dengan Kedah	Perak meets Kedah
Siapa agaknya yang akan menang?	who will probably win?
pasti menewaskan	will certainly defeat
Saya tidak fikir	I do not think
akan menjaringkan	will score/net
sekurang-kurangnya	at least

Tidak payahlah	no need, there is no necessity. The suffix *-lah* denotes appeal.
Hanya ada sepuluh minit lagi	only ten minutes left
Marilah	let us go
Tengoklah nanti	we will see

8

Tetamu

A : *Selamat pagi, Hashim.*
B : *Selamat pagi.*
A : *Ke mana pula?*
B : *Ke Bayan Lepas.*
A : *Ada sahabat dari luar negeri datangkah?*
B : *Ya, tiga orang kawan saya datang dari Medan. Mereka akan berada di sini selama dua minggu.*
A : *Pukul berapa kapal terbang itu mendarat?*
B : *Mengikut jadual pada pukul sebelas pagi.*
A : *Harap kapal terbang itu tidak lewat hari ini.*
B : *Insya Allah.*
A : *Awak patut berada di lapangan terbang sebelum pukul sepuluh pagi.*
B : *Ya, saya akan terus ke Bayan Lepas setelah mengisikan petrol.*
A : *Selamat jalan.*
B : *Terima kasih.*

Vocabulary

Ke mana pula?	where to?
Ada sahabat	any friends. The word *ada* means has or have. But in this context it means any.
dari luar negeri	from overseas
tiga orang kawan	three friends
selama dua minggu	for two weeks
tidak lewat	not late
Insya Allah	it is God who decides
Awak patut	you should
saya akan terus ke	I am going straight to

mengisikan petrol	to fill my tank
lapangan terbang	airport

9

Bahasa Indonesia

A : *Selamat petang, Aminah.*
B : *Selamat sore!*
A : *Amboi bertutur Bahasa Indonesia pula!*
B : *Apa salahnya? Saya baru sahaja habis membaca novel "Keluarga Gerilya".*
A : *Itu buku teks!*
B : *Novel itu sangat menarik hati. Saya sudah membaca novel itu tiga kali.*
A : *Betulkah?*
B : *Saya tidak boleh lupa watak Aminah.*
A : *Saya telah membaca novel itu dua kali. Mungkin saya akan membaca sekali lagi.*
B : *Dalam buku itu kita dapat mengetahui banyak perkataan Indonesia seperti kantur bagi pejabat, gang bagi lorong, maling bagi pencuri, mobil bagi kereta dan berpuluh-puluh lagi.*
A : *Perkataan-perkataan Indonesia pun indah juga, ya!*

Vocabulary

Selamat sore!	good evening (Indonesian usage, common in the South)
Apa salahnya?	what's wrong?
baru sahaja	just
Itu buku teks!	that's a text book
sangat menarik hati	very interesting
tiga kali	three times
pejabat	office
lorong	lane
pencuri	thief
kereta	car

berpuluh-puluh	tens of i.e. numerous or many
Perkataan-perkataan Indonesia	Indonesian words
indah juga	also beautiful. The word *juga* denotes assurance, sincerity and frank expression of opinion.

10

Penyeludupan

A : *Nampaknya awak sibuk membaca suratkhabar.*
B : *Ada berita hangat hari ini.*
A : *Apa berita hangat itu?*
B : *Lima orang penyeludup diberkas oleh polis!*
A : *Bahan apakah yang diseludup?*
B : *Mereka menyeludup emas!*
A : *Emas! Berani betul.*
B : *Ya! Emas. Emas yang dirampas itu bernilai hampir sejuta ringgit.*
A : *Sejuta ringgit!*
B : *Ya, sejuta ringgit. Penyeludup-penyeludup ini seperti kuman masyarakat.*
A : *Ya, mereka pengkhianat negara.*
B : *Memang betul. Mereka merosakkan ekonomi negara.*
A : *Mungkin mereka akan mendapat hukuman berat.*
B : *Sudah tentu! Sekurang-kurangnya sepuluh tahun penjara.*

Vocabulary

sibuk membaca	busy reading
berita hangat	hot news
Lima orang penyeludup	five smugglers
diberkas oleh polis	were arrested by police
Mereka menyeludup emas	they smuggled gold
Berani betul	very brave
hampir sejuta ringgit	nearly one million ringgit
seperti kuman	like germs
mereka pengkhianat	they are traitor
Memang betul	true indeed
Mungkin mereka	probably they
hukuman berat	heavy sentence

Sudah tentu! it is certain!
Sekurang-kurangnya at least
sepuluh tahun penjara ten years imprisonment

11

Pergi ke Pasar

A : *Muthu, awak hendak ke mana?*
B : *Saya hendak ke pasar.*
A : *Besar bakul awak!*
B : *Saya hendak membeli bekalan untuk seminggu.*
A : *Saya pun hendak ke pasar juga! Biasanya isteri awak yang membeli-belah, bukan?*
B : *Ya, tapi hari ini dia uzur.*
A : *Apa Muthu hendak beli?*
B : *Saya hendak membeli terung, kacang panjang, peria, ubi kentang, ubi keledek, bawang dan udang. Apa pula yang awak hendak beli?*
A : *Saya hendak membeli ketam, ikan, daging kambing dan buah-buahan tempatan.*
B : *Kita sudah sampai di pasar. Maaflah. Saya ke gerai sayur ya!*
A : *Baiklah. Saya ke gerai daging kambing.*

Vocabulary

hendak ke mana?	where are you off to?
besar	big, huge, large
hendak beli	want to buy (purchase)
Biasanya	usually
isteri awak	your wife
terung	brinjal
kacang panjang	long beans
peria	bitter gourd
ubi kentang	potatoes
ubi keledek	sweet potatoes
bawang	onions
udang	prawns
ketam	crab

ikan	fish
daging kambing	mutton
buah-buahan tempatan	local fruits
sudah pun sampai	have arrived
Maaflah	please excuse me. The suffix *-lah* denotes graciousness and politeness.
gerai sayur	vegetable stall
gerai daging kambing	mutton stall

12

Sakit

A : *Selamat pagi, Ali.*
B : *Selamat pagi, Aminah.*
A : *Cutikah hari ini?*
B : *Ya, saya terpaksa bercuti selama seminggu.*
A : *Ada hal pentingkah?*
B : *Ya, saya mesti bertolak ke Kuala Kangsar hari ini juga.*
A : *Mengapa pula?*
B : *Bapa mertua saya sakit tenat.*
A : *Bukankah Pak Ibrahim masih muda, baru sahaja bersara?*
B : *Ya, dia baru berumur lima puluh enam tahun.*
A : *Siapa doktornya sekarang?*
B : *Dr. Lim, pakar perubatan yang terkenal di Perak.*
A : *Janganlah bimbang, mudah-mudahan Pak Ibrahim akan sembuh.*
B : *Terima kasih.*

Vocabulary

Selamat pagi	good morning
Cutikah hari ini?	are you on leave today?
saya terpaksa	I am compelled
selama seminggu	for one week
hal penting	important matter
mesti bertolak	must leave
Mengapa pula?	Why? The word *pula* denotes surprise.
sakit tenat	seriously ill
bersara	retired
Siapa doktornya	who is his doctor?
pakar perubatan	medical specialist

terkenal di Perak   well-known in Perak
Janganlah bimbang   don't worry. The suffix
                                -lah denotes
                                sympathetic pacification.

13

Kemeja

A : *Selamat pagi.*
B : *Selamat pagi.*
A : *Kemeja saudara sangat elok!*
B : *Sungguhkah? Saya beli kemeja ini di Kuantan baru-baru ini.*
A : *Berapa harganya?*
B : *Hanya dua belas ringgit sahaja.*
A : *Murah betul.*
B : *Di sini harganya mungkin lebih dari itu.*
A : *Ya, di sini harganya lima belas ringgit. Sebenarnya saya ingin membeli dua helai kemeja untuk abang saya.*
B : *Tak payahlah. Saya akan pergi ke Kuantan minggu hadapan. Saya akan membeli dua helai untuk saudari.*
A : *Terima kasih.*
B : *Baguslah ... Esok kita boleh berjumpa lagi, saya ada urusan penting.*
A : *Baiklah kita jumpa lagi petang besok ya!*

Vocabulary

Kemeja saudara	your shirt
sangat elok	very attractive or nice
Sungguhkah?	really?
Saya beli kemeja ini di Kuantan	I bought this shirt in Kuantan. Note *di* is a locative preposition indicating place or a fixed location.
Berapa harganya?	how much does it cost?/ What's the price?
Hanya dua belas ringgit sahaja	only twelve ringgit. Note the word *hanya*

	should be followed by the word *sahaja*.
Murah betul	it is indeed cheap. At times we can express concisely and precisely in Bahasa Malaysia.
saya ingin	I wish
dua helai kemeja	two shirts. The word *helai* is a numerical coefficient for clothes i.e. garment we wear.
minggu hadapan	next week
saya ada urusan penting	I have an important matter to see to

14

Cuti

A : *Selamat pagi, Hashim.*
B : *Selamat pagi.*
A : *Sibuk nampaknya!*
B : *Ya, saya memang sibuk sekarang.*
A : *Kalau begitu saya tidak mahu ganggu.*
B : *Sebenarnya saya mengambil cuti selama dua minggu. Banyak kerja yang belum dibereskan.*
A : *Begitukah? Janganlah risau sangat. Dan juga janganlah terburu-buru.*
B : *Saya faham. Kadangkala saya ini tidak sabar. Inilah satu kelemahan saya.*
A : *Janganlah kata kelemahan. Bumi mana yang tidak kena hujan tetapi, awak harus ingat, biar lambat asalkan selamat.*
B : *Terima kasih. Barulah saya sedar tidak perlu saya merasa bimbang.*
A : *Ya, itu memang betul. Sebarang kerja yang dibuat secara teratur tidak akan tergendala atau terbengkalai.*
B : *Terima kasih. Lain kali kita boleh berjumpa lagi.*
A : *Sementara itu jangan lupa pantun kita:*
Malam ini merendang jagung,
Malam esok merendang serai.
Malam ini kita berkampung,
Malam esok kita bercerai.
B : *Kita tak terdaya menentang takdir Tuhan. Insya Allah kita bertemu lagi.*

Vocabulary

Sibuk nampaknya!	you appear to be busy
Ya, saya memang sibuk	yes, I am busy indeed. The word *memang* means certainly or undoubtedly.

Kalau begitu	if that is so
saya tidak mahu ganggu	I do not wish to disturb you. Please note the absence of the pronoun at the end of the sentence.
Saya mengambil cuti selama dua minggu	I am on leave for two weeks
belum dibereskan	have not been completed
Begitukah?	Is that so?
Janganlah risau sangat	Please do not worry too much. The particle *-lah* denotes an appeal.
terburu-buru	hurriedly, without any concern for detail
Inilah satu kelemahan saya	this is my weakness. The particle *-lah* denotes an emphatic assertain.
"Bumi mana yang tidak kena hujan"	a proverb which has the same meaning as the English "To err is human".
"Biar lambat asalkan selamat"	"Slow and steady wins the race"
Barulah saya sedar	only now I realise
dibuat secara teratur	is done systematically
tidak akan tergendala atau terbengkalai	will not upset or misfire

A pantun is a four lined verse. The first line ryhmes with the third line and the second ryhmes with the fourth line. The meaning is conveyed in the third and fourth lines.

The last two lines mean "Today we are together,

Tomorrow we may be separated". The word *malam* literally means night. In poetry it can mean "Today".

Malam esok   tomorrow

15

Lawatan

A : *Agak lama tak bertemu?*
B : *Saya di Singapura selama dua minggu.*
A : *Ada hal pentingkah?*
B : *Tidaklah begitu penting. Bapa mertua saya tinggal di sana.*
A : *Dia bertugas di mana?*
B : *Dia dah tua. Dia telah pun bersara dari Bank Amerika empat tahun yang lalu.*
A : *Jadi, saudara selalulah melawat Singapura ya!*
B : *Tidak semestinya. Saya melawat Singapura lebih kurang enam kali setahun.*
A : *Cukuplah! Untunglah bapa mertua saudara tinggal di Singapura, saya jarang-jarang melawat Singapura, tetapi saya ke Pulau Langkawi tiap-tiap bulan. Ibu bapa saya tinggal di sana.*
B : *Saudaralah yang bertuah! Pulau Langkawi sebuah pulau yang sangat indah lagi tenteram.*
A : *Hampir lupa saya, saya patut berada di pejabat sebelum pukul lapan.*
B : *Baiklah. Selamat jalan.*
A : *Petang besok kita boleh bertemu lagi.*
B : *Insya Allah.*

Vocabulary

Agak lama	it is some time
tak bertemu	we have not met. Note the omission of the pronoun.
selama dua minggu	for two weeks. The word *selama* is a collective adjective.
Bapa mertua	father-in-law
Dia bertugas di mana?	where is he working?/

	Where is he attached to?
Dia dah tua	he is already old. *Dah* is the abbreviation of *sudah*.
bersara dari	retired from
Tidak semestinya	not necessarily
lebih kurang	approximately or roughly
Untunglah	it is indeed fortunate, you are very lucky. The particle *-lah* gives a very strong emphasis.
Saudaralah yang bertuah	you are the lucky one. The word *saudara* means brother or a close acquaintance. In conversation it is used as a pronoun. The feminine gender is *saudari*.
sangat indah	very beautiful
Baiklah	alright. The particle *-lah* denotes extreme courtesy or politeness.
Insya Allah	if God wills it ….

16

Menziarahi Sahabat

A : *Oh! Siapa itu?*
B : *Sayalah, Hashim!*
A : *Sebulan saya tidak bertemu saudara, ke mana saudara pergi?*
B : *Saya di Kuala Terengganu, menziarahi sahabat lama saya yang uzur.*
A : *Siapa dia?*
B : *Mustafa, yang pernah bertugas di Bank Bumiputera di sini.*
A : *Oh! Diakah? Saya pun kenal dia. Bagaimana pula keadaan kesihatannya sekarang?*
B : *Dia sudah sembuh. Dia dalam kandungan sihat walafiat.*
A : *Syukurlah. Saya akan melawat dia apabila saya pergi ke Kuala Terengganu.*
B : *Bila saudari akan ke Kuala Terengganu?*
A : *Mungkin pada pertengahan bulan hadapan.*
B : *Baiklah. Jangan lupa, sampaikan salam saya kepadanya.*
A : *Insya Allah.*

Vocabulary

Siapa itu?	who is that?
ke mana saudara pergi?	where did you go?
menziarahi sahabat lama	visited an old friend
yang pernah bertugas	who has served
Saya pun kenal dia	I also know him
Bagaimana pula keadaan kesihatannya sekarang?	How is his health now?
Dia sudah sembuh	he has recovered. The word *sudah* denotes past tense.

Dia dalam kandungan *sihat walafiat*	he is in the best of health. The Arabic phrase *"walafiat"* means in robust health by the grace of the almighty.
Syukurlah	Thanks be to God
Saya akan melawat	I will visit. The word *akan* denotes future tense.
pada pertengahan bulan	in the middle of the month
Jangan lupa sampaikan	don't forget to convey

17

Gagal Peperiksaan

A : *Selamat petang.*
B : *Selamat petang, Kassim.*
A : *Mengapa kelihatan muram sahaja?*
B : *Tidak apa-apa.*
A : *Janganlah menyimpan perasaan. Tentu ada sesuatu yang tidak menyenangkan saudara.*
B : *Anak sulung saya gagal dalam peperiksaan.*
A : *Ramai yang gagal setiap tahun. Namun yang gagal pun pernah mencapai kejayaan cemerlang kemudiannya.*
B : *Dia rajin belajar. Saya hairan mengapa dia tidak lulus.*
A : *Janganlah terlalu sedih. Dia pasti akan lulus tahun hadapan.*
B : *Saya harap begitulah ....*
A : *Janganlah berharap sahaja. Dia pasti akan lulus dalam peperiksaan itu.*
B : *Saudara memang melegakan perasaan saya yang sedang runsing.*
A : *Apakah faedahnya merasa hampa atau kecewa. Sir Winston Churchil pun pernah gagal dalam peperiksaan, tetapi dia berjaya menjadi Perdana Menteri.*
B : *Terima kasih. Anak saya merasa lebih kecewa. Saya patut memujuk dia. Sekarang saya yakin dia boleh lulus tahun hadapan.*
A : *Marilah kita sama-sama berdoa ke hadrat Ilahi.*

Vocabulary

Mengapa kelihatan muram sahaja?	why are you looking so sad or so unhappy?
Tidak apa-apa	nothing at all. Literally the

	word *apa* means what and *apa-apa* means whatever.
Janganlah menyimpan perasaan	please do not hide your feeling. The particle *-lah* conveys a sense of pacification or a sympathetic advice.
yang tidak menyenangkan	that upsets or causes your anxiety
Anak sulung saya	my eldest son. It can also mean my eldest daughter.
gagal dalam peperiksaan	failed the examination
Ramai yang gagal setiap tahun	many fail every year
cemerlang	outstanding, remarkable
Saya harap	I hope
Janganlah berharap sahaja	please do not just hope. The particle *-lah* conveys a sense of confidence and optimism.
melegakan perasaan	pacifying
yang sedang runsing	which is in anxiety
Apalah faedahnya	what is the benefit
merasa hampa atau kecewa	feel dejected or frustrated
Saya patut memujuk dia	I should console him
Marilah kita	Let us
Berdoa ke hadrat Ilahi	pray to God the almighty

18

Kampung Halaman

A : *Selamat pagi, Karim.*
B : *Selamat pagi.*
A : *Awak mahu pergi ke mana?*
B : *Saya mahu pulang ke kampung halaman saya di Kuala Kangsar.*
A : *Bila awak akan balik?*
B : *Saya akan tinggal di kampung selama tiga minggu.*
A : *Nampaknya seperti ikan pulang ke lubuk.*
B : *Saya dilahirkan di Kuala Kangsar. Jadi memanglah saya suka bercuti di sana.*
A : *Saya pun pernah tinggal di Kuala Kangsar. Bandar itu aman dan damai.*
B : *Kalau saya tak salah, saudara bekas penuntut Sekolah Clifford?*
A : *Ya, saya menuntut di Sekolah Clifford selama lima tahun.*
B : *Saya menuntut di situ hampir tujuh tahun.*
A : *Syukurlah, ramai pelajar dari Sekolah Clifford menyandang jawatan tinggi sekarang.*
B : *Ya, memang betul. Tun Mohamad Suffian pun bekas penuntut Sekolah Clifford. Saya turut berasa bangga, saya bekas penuntut Sekolah Clifford. Baiklah kita boleh bertemu lagi bila saya balik dari Kuala Kangsar.*
A : *Selamat jalan. Selamat bercuti di bandar diraja ya!*

Vocabulary

Awak mahu pergi ke mana?	where are you off to?
Saya mahu pulang ke kampung halaman saya	I am going to my home town
Bila awak akan balik?	when will you return? The word *akan* denotes

	future tense.
"Ikan pulang ke lubuk"	"Home sweet home". Please note that proverb should not be translated word for word.
Saya dilahirkan	I was born
saya suka bercuti di sana	I am indeed happy to spend the holidays there
Saya pun pernah tinggal	I have also lived
saya menuntut di	I studied in
Kalau saya tak salah	if I am not mistaken
Syukurlah	Thanks be to God. The particle *-lah* denotes a sense of sincerity faith and devotion.
ramai pelajar	many students
menyandang jawatan tinggi	hold high positions
Ya, memang betul	yes, it is true
saya bekas penuntut	I am an ex-student. The opposite of *bekas* is *bakal*.
Baiklah	excuse me. The particle *-lah* denotes a sense of cordiality.
Selamat jalan	good-bye
bandar diraja	royal town

19

Diri Sendiri

A : *Apakah nama anda?*
B : *Nama saya Halimah.*
A : *Bilakah anda dilahirkan?*
B : *Saya dilahirkan pada 24hb. November 1963.*
A : *Di mana anda tinggal?*
B : *Saya tinggal di nombor 73, Jalan Patani, Pulau Pinang.*
A : *Berapa ramai adik beradik anda?*
B : *Saya mempunyai lima orang adik beradik.*
A : *Adakah anda mempunyai abang dan kakak?*
B : *Ya, saya mempunyai seorang kakak dan tiga orang abang.*
A : *Rumah yang anda duduki itu rumah sewakah atau rumah sendiri?*
B : *Rumah itu rumah bapa saya.*
A : *Berapa lama anda sekeluarga telah tinggal di rumah itu?*
B : *Kami sekeluarga telah tinggal di rumah itu semenjak tiga tahun yang lalu.*
A : *Berapa orangkah di antara adik beradik anda yang masih bersekolah?*
B : *Tiga orang abang saya masih bersekolah. Kakak saya sudah bekerja sebagai pegawai di Suruhanjaya Pelabuhan Pulau Pinang.*
A : *Apakah kesukaan keluarga anda?*
B : *Kesukaan keluarga saya ialah menonton televisyen, wayang gambar dan berkelah.*

Vocabulary

Apakah nama anda?	what is your name?
Nama saya	my name
Bilakah anda	when do you

Saya dilahirkan	I was born
Di mana	where about
Saya tinggal	I live
Berapa ramai	how many
adik beradik	brothers and sisters
Adakah anda	do you, have you
Saya mempunyai	I have, I possess
rumah sewakah	it is a rented house
atau rumah sendiri	or own house
rumah bapa saya	my father's house
Kami sekeluarga	our family. *Kami* means we excluding the person spoken to. *Kita* means we including the person or persons spoken to.
Berapa orangkah	how many people
semenjak tiga tahun yang lalu	since three years ago
kakak saya	my eldest sister
sebagai pegawai	as an officer
Suruhanjaya Pelabuhan Pulau Pinang	Pulau Pinang Port Commission

20

Berkelah

A : *Sukakah anda pergi berkelah?*
B : *Ya, saya suka pergi berkelah.*
A : *Dengan siapakah anda selalu berkelah?*
B : *Saya selalu pergi berkelah dengan kawan-kawan saya. Selalunya pada hari Ahad atau hari kelepasan am.*
A : *Dengan apakah anda pergi berkelah?*
B : *Saya pergi berkelah dengan menaiki bas.*
A : *Apakah yang akan dibawa sewaktu pergi berkelah?*
B : *Sewaktu pergi berkelah saya membawa sedikit makanan dan juga minuman. Selain daripada itu saya bawa juga kamera dan radio.*
A : *Apakah yang anda buat di tempat perkelahan?*
B : *Di tempat perkelahan saya makan dan minum bekalan yang dibawa sambil mendengar radio. Saya juga berenang dan bermain-main di pantai bersama-sama kawan-kawan saya.*
A : *Bagaimana perasaan anda setelah balik daripada berkelah?*
B : *Saya berasa amat gembira dan berharap akan dapat pergi berkelah lagi pada masa-masa akan datang.*

Vocabulary

Sukakah	do you like
pergi berkelah	to go for picnics
Dengan siapakah	with whom
Saya selalu pergi	I always go
pada hari Ahad	on Sunday
hari kelepasan am	Public Holiday
sewaktu	at the time
Selain daripada itu	besides that, in addition to that

sambil	while, at the same time
Saya juga berenang	I also swim
di pantai	at the beach, at the seashore
Bagaimana perasaan anda	how do you feel
Saya berasa amat gembira	I feel exhilarated
pada masa-masa akan datang	in the future

21

Kegiatan Cuti Sekolah

A : *Apakah yang anda buat pada hari-hari cuti?*
B : *Selalunya pada hari cuti saya menolong emak saya.*
A : *Apakah kerja-kerja rumah yang selalu anda tolong?*
B : *Kerja rumah yang selalu saya tolong ialah membasuh pinggan mangkuk, menyapu rumah dan pergi ke pasar.*
A : *Selain daripada duduk di rumah menolong ibu, apa yang anda buat?*
B : *Ada masanya saya pergi berjalan-jalan ke rumah kawan atau kadang-kadang saya menonton wayang.*
A : *Apakah jenis wayang gambar yang anda suka lihat?*
B : *Saya suka menonton wayang gambar yang bercorak pendidikan dan yang boleh menambahkan pengetahuan saya.*
A : *Pada masa cuti sekolah pernahkah anda pergi melawat ke tempat-tempat lain?*
B : *Pada masa cuti sekolah pernah juga saya melawat Ipoh, Pulau Pinang dan juga Kedah.*
A : *Apakah faedahnya melawat?*
B : *Saya rasa banyak faedahnya jika kita melawat sesebuah tempat. Kita dapat melihat pemandangan di negeri itu, cara penghidupan penduduknya, melihat pakaian penduduk-penduduk di situ serta mendengar loghat percakapan mereka. Jadi kita boleh meluaskan pengalaman dan pengetahuan kita.*
A : *Memang betul. Anda memang bijak bistari.*
B : *Terima kasih.*

Vocabulary

pada hari-hari cuti	during holidays
menolong emak	help mother

membasuh pinggan mangkuk	washing crockery
menyapu	to sweep
pergi ke pasar	going to the market
Selain daripada	besides that
Ada masanya	at times
menonton wayang	see movies
saya suka menonton	I like to see
pernahkah anda	have you ever
Apakah faedahnya	what are the advantages?
jika kita melawat	if we visit
pakaian penduduk-penduduk	dress of the people
dengan ini	thus
pengalaman	experience
memang betul	true indeed

22

Cita-cita

A : *Mengapakah anda hendak menjadi seorang doktor, Halimah?*
B : *Saya hendak menjadi seorang doktor sebab pekerjaan itu sesuai dengan jiwa saya.*
A : *Sejak bilakah anda bercita-cita menjadi seorang doktor?*
B : *Saya bercita-cita menjadi seorang doktor semenjak kecil lagi.*
A : *Selain daripada pekerjaan itu sesuai dengan jiwa anda, adakah sebab-sebab lain yang membuatkan anda cenderung kepada pekerjaan itu?*
B : *Sebab-sebab lain yang membuatkan saya cenderung kepada pekerjaan itu ialah saya rasa pekerjaan itu satu kerja yang mulia. Saya dapat menyumbangkan tenaga saya kepada rakyat dan negara. Dengan menjadi doktor saya dapat menolong orang ramai dengan mengubati penyakit mereka dan sebagainya. Lagipun negeri kita kekurangan doktor. Jadi saya harap saya dapat menambahkan bilangan doktor dalam negeri kita.*
A : *Untuk mencapai cita-cita anda, apakah yang anda mesti lakukan?*
B : *Untuk mencapai cita-cita saya itu, saya terpaksa belajar bersungguh-sungguh supaya lulus di dalam peperiksaan dan dapat melanjutkan pelajaran saya ke universiti.*
A : *Saya berharap moga-moga anda akan berjaya.*
B : *Terima kasih, Pak Kadir.*

Vocabulary

Mengapakah anda	why do you
saya hendak menjadi	I want to become

sesuai dengan jiwa	is something I like and desire
sejak bilakah	since when
bercita-cita menjadi	ambitious to become
adakah sebab-sebab lain	are there other reasons
cenderung	keen, enthusiastic, zealous
Saya rasa	I feel
saya dapat menolong	I could help
orang ramai	the public
Jadi saya harap	So I hope
Untuk mencapai	to achieve
Saya berharap	I hope
moga-moga	by the grace of God. The synonym of *moga-moga* is *mudah-mudahan*.

23

Perpustakaan

A : *Di sekolah anda adakah perpustakaan?*
B : *Ya, di sekolah saya ada sebuah perpustakaan.*
A : *Siapakah nama guru yang mengawas perpustakaan itu?*
B : *Guru Pengawas Perpustakaan sekolah saya ialah Cikgu Ali.*
A : *Banyakkah buku-buku di dalam perpustakaan sekolah anda?*
B : *Banyak juga buku-buku di dalam perpustakaan sekolah saya seperti buku rujukan, majalah dan suratkhabar.*
A : *Berapa lamakah seseorang murid dibenarkan meminjam sebuah buku?*
B : *Seorang murid dibenarkan meminjam selama seminggu.*
A : *Apakah hukuman kepada murid yang lewat mengembalikan buku?*
B : *Murid-murid yang lewat memulangkan buku-buku perpustakaan akan didenda, iaitu setiap hari ia lewat, ia mesti membayar lima sen.*
A : *Jikalau seseorang murid menghilangkan buku yang dipinjamnya apakah tindakan yang akan diambil oleh guru anda?*
B : *Murid-murid yang menghilangkan buku perpustakaan akan didenda dan diminta menggantikan dengan yang baru.*
A : *Bolehkah murid-murid membuat bising di dalam perpustakaan?*
B : *Murid-murid tidak dibenarkan membuat bising. Semua murid mestilah senyap.*

Vocabulary

adakah perpustakaan?	is there a library?
ada sebuah perpustakaan	there is a library. The word *buah* which literally means fruit, is numerical coefficient.
Banyakkah buku-buku	are there many books?
Banyak juga	there are indeed many. The word *juga* indicates the feeling of confidence.
buku-buku rujukan	reference books
Berapa lamakah	how long
Apakah hukuman	what is the punishment
lewat memulangkan	late in returning
akan didenda	will be fined
Jikalau seseorang	if anyone
tindakan yang akan diambil	measure which will be taken
yang menghilangkan	who loses
diminta menggantikan	will be asked to replace
membuat bising	make a noise.

24

Nelayan

A : *Kenapa kau termenung sahaja Ali?*
B : *Apa tidaknya, seekor ikan pun belum kudapat. Engkau Halimah berapa ekor sudah dapat?*
A : *Baru seekor, itu pun anak ikan buntal!*
B : *Agaknya beginilah yang dikatakan nasib kaum nelayan yang malang.*
A : *Ya, samalah seperti kata pepatah "Kais pagi makan pagi, kais petang makan petang."*
B : *Mereka pergi ke laut sebelum matahari terbit, hingga petang baru pulang. Kadang-kadang apa pun tak dapat.*
A : *(mengeluh) Ah. Memang sudah kehidupan nelayan Ali!*
B : *Tetapi sekarang langkah-langkah tegas telah pun diambil oleh kerajaan untuk meninggikan taraf hidup nelayan dan juga petani-petani. Walaupun begitu masih ada petani-petani dan nelayan-nelayan yang masih menderita.*
A : *Itu nasiblah. Kita hanya boleh berdoa tetapi rezeki di tangan Tuhan.*

Vocabulary

Kenapa kau	why are you
termenung sahaja	deep in thought
belum kudapat	I have not get yet
nasib kaum nelayan	the fate of fishermen
"Kais pagi makan pagi, kais petang makan petang"	living from hand to mouth; extreme poverty
sebelum matahari terbit	before the sun rises
kadang-kadang	at times, sometimes

memang sudah kehidupan	such is life
langkah-langkah tegas	positive steps
menderita	suffer

25

Kawan

A : *Siapa namanya kawan anda yang datang tadi?*
B : *Kawan saya tu namanya Hashim, isterinya Azizah.*
A : *Di mana Hashim tinggal sekarang?*
B : *Dia tinggal di Jelutung, Pulau Pinang.*
A : *Berapa orang anaknya?*
B : *Anaknya seorang sahaja, anak lelaki.*
A : *Agaknya mereka mengikuti kempen perancang keluarga.*
B : *Boleh jadi.*
A : *Betul juga. Kalau anak ramai pun susah juga memberikan asuhan dan pendidikan yang sempurna.*
B : *Wah! Sekarang anda sudah pandai bercakap tentang rancangan keluarga.*
A : *Rancangan Keluarga amat penting kepada negara kita. Anda bersetujukan?*
B : *Ya, saya bersetuju. Di Korea Selatan sepasang kelamin tidak diizinkan mempunyai lebih dari dua orang anak.*
A : *Negara itu sungguh tegas.*

Vocabulary

Siapa namanya	what is his name
Kawan saya	my friend
isterinya	his wife
seorang sahaja	only one
Agaknya mereka	it appears they
rancangan keluarga	family planning
Boleh jadi	it can be
Betul juga	it is correct
asuhan	upbringing
pendidikan	education

sudah pandai bercakap	clever to voice opinions
amat penting	very essential
sepasang kelamin	a couple
tidak diizinkan	not permitted
lebih dari dua	more than two
sungguh tegas	very strict

26

Anak

A : *Selamat pagi, Hashim.*
B : *Selamat pagi.*
A : *Saya dengar anda dapat anak seorang lagi.*
B : *Oh! Ya, ya. Syukurlah ke hadrat Ilahi.*
A : *Baguslah! Saya ucapkan tahniah kepada anda.*
B : *Ribuan terima kasih.*
A : *Sama-sama. Anak anda yang baru lahir itu lelaki atau perempuan?*
B : *Lelaki.*
A : *Syukurlah, mudah-mudahan dia pun akan menjadi seorang yang terkenal seperti anda.*
B : *Saya harap pun begitulah.*
A : *Siapa namanya?*
B : *Namanya Mustafa.*
A : *Mustafa bin Hashim. Wah! Cantik namanya. Mustafa ini anak anda yang keberapa?*
B : *Ha, ha, ha! Takkanlah anda tak tahu. Mustafa anak saya yang kesepuluh.*
A : *Anda memang bertuah. Rezeki mencurah-curah.*
B : *Terima kasih.*

Vocabulary

Saya dengar	I heard
anak seorang lagi	another child
Syukurlah ke hadrat Ilahi	Thanks be to God
Baguslah!	good indeed!
Saya ucapkan tahniah	I congratulate you
Ribuan terima kasih	many thanks
Sama-sama	same to you
Anak anda	your child
yang baru lahir	just born

lelaki atau perempuan	male or female
dia pun akan	he will also be
seorang yang terkenal	well-known personality
Saya harap	I hope
Siapa namanya?	what is his name?
Cantik namanya	what a lovely name
Takkanlah anda tak tahu	as if you do not know
anak yang kesepuluh	the tenth child
Anda memang bertuah	you are indeed fortunate
Rezeki	fortune

27

Menghantar Telegram

A : *Encik Ali, nampaknya sibuk. Hendak pergi ke mana?*
B : *Ah! Puan Lim. Lama tak bertemu! Saya mahu ke Pejabat Pos.*
A : *Ada urusan penting?*
B : *Saya akan mengirim telegram kepada bapa mertua saya di Kota Kinabalu.*
A : *Mengapa pula?*
B : *Isteri saya di hospital. Dia mengandung sarat.*
A : *Bapa mertua anda patut datang kemari. Ibu mertua anda sudah ada di sinikah?*
B : *Ya, dia tiba di sini bulan lalu.*
A : *Saya berdoa semoga isteri Encik Ali bersalin dengan selamatnya.*
B : *Terima kasih Puan Lim.*
A : *Jangan lupa menjemput saya apabila mengadakan jamuan doa selamat.*
B : *Saya pasti akan mengundang Puan sekeluarga.*
A : *Terima kasih.*

Vocabulary

nampaknya sibuk	appears to be busy
Lama tak bertemu!	we have not met for a long time
Saya mahu ke	I am going to
Saya akan mengirim	I am going to send
bapa mertua saya	my father-in-law
Mengapa pula?	what for? The word *pula* denotes surprise, excitement or astonishment.
Isteri saya	my wife

Dia mengandung	she is expecting a baby
sarat	the due date is very near
dia tiba di sini	she arrived here
Saya berdoa	I pray
bersalin dengan selamatnya	will deliver safely
Jangan lupa menjemput	don't forget to invite
akan mengundang	will invite

28

Kampung Saya

A : *Apakah nama kampung anda?*
B : *Nama kampung saya ialah Kampung Kota Lama.*
A : *Di manakah duduknya kampung anda?*
B : *Di Kuala Kangsar, bandar diraja.*
A : *Berapa jauhkah kampung anda dari bandar?*
B : *Jauhnya dari bandar adalah kira-kira dua kilometer.*
A : *Besarkah kampung anda itu?*
B : *Kampung saya tidak berapa besar. Ada kira-kira lima puluh buah rumah.*
A : *Berapa ramaikah penduduk kampung itu?*
B : *Penduduk kampung itu berjumlah lebih kurang empat ratus orang.*
A : *Apakah pekerjaan mereka?*
B : *Setengah-setengah daripada mereka bekerja dengan kerajaan. Ada pula yang bekerja sendiri iaitu bercucuk tanam dan membuka kedai.*
A : *Siapakah ketua kampung anda?*
B : *Ketua kampung saya ialah Encik Kadir.*
A : *Berapa umur Encik Kadir?*
B : *Encik Kadir berusia enam puluh tahun.*

Vocabulary

Kampung anda	your village
duduknya	situated or located
bandar diraja	royal town
Berapa jauhkah	how far is it
Jauhnya	the distance is
Kira-kira	approximately
Besarkah	it is big
tidak berapa besar	not so big
Ada kira-kira	there are about

lima puluh buah rumah	fifty houses
lebih kurang	more or less
pekerjaan mereka	their occupations
Setengah-setengah daripada mereka	some of them
bercucuk tanam	engaged in farming
dengan kerajaan	with the government
membuka kedai	work as shopkeepers
ketua kampung	village headman
Berapa umur	what is the age
enam puluh tahun	sixty years

29

Keterangan Peribadi

A : *Berapa umur anda?*
B : *Saya berumur tiga puluh tahun.*
A : *Siapa nama ayah anda?*
B : *Nama ayah saya Hashim.*
A : *Anda tinggal di mana?*
B : *Saya tinggal di 73, Jalan Patani, Pulau Pinang.*
A : *Apa pekerjaan anda?*
B : *Saya seorang doktor.*
A : *Anda bekerja di mana?*
B : *Saya bekerja di Hospital Besar, Pulau Pinang.*
A : *Anda menjadi doktor apa?*
B : *Saya menjadi doktor mata.*
A : *Tugas anda susahkah?*
B : *Tugas saya tidak susah tetapi sungguh berat dan rumit. Maklumlah mata itu suatu benda yang sungguh berharga.*

Vocabulary

Berapa umur anda?	what's your age?
Nama ayah saya	my father's name
Saya tinggal	I live
pekerjaan anda	your occupation
Saya bekerja di	I work in
susahkah	is it difficult
tetapi sungguh berat	but very demanding
anda	your goodself
di mana	where
menjadi	to become
doktor mata	optician or eye specialist
Tugas	work, responsibility
Maklumlah	it is a fact

suatu benda	a thing
sungguh berharga	very precious

30

Di Gerai Makan

A : *Encik nak apa?*
B : *Tolong bawakan saya segelas kopi susu ais.*
A : *Baik encik .... Ini kopi susu ais. Encik nak makan apa?*
B : *Bawa mi goreng dan sepuluh cucuk sate ....*
A : *.... Ini encik mi goreng dan sate yang encik pesan ....*
B : *Terima kasih. (Bercakap sendiri) "Mi goreng ini sungguh sedap. Sate pun seperti Sate Kajang". Pakcik, Pakcik.*
A : *Ya, encik. Sudah makan? Sedap bukan?*
B : *Memang sedap tetapi mi goreng ini pedas sedikit.*
A : *Begitukah encik? Lain kali beritahu kami semasa memesan.*
B : *Baiklah. Berapa harga semuanya?*
A : *Tiga ringgit sahaja encik.*
B : *Murah juga. Ini wangnya.*
A : *Terima kasih encik. Jemput lagi.*
B : *Terima kasih.*

Vocabulary

Encik nak apa?	what do you want, sir?
Tolong bawakan	please bring
Baik encik	alright sir
Encik nak makan apa?	what would you like to eat sir?
mi goreng	fried mee
sepuluh cucuk sate	ten sticks of satay
Terima kasih	thank you
sungguh sedap	very delicious
seperti Sate Kajang	like Kajang Satay
Sudah makan?	have you eaten?
Sedap bukan?	it was tasty, wasn't it?

Lain kali	next time
Berapa harga semuanya?	how much is it altogether?
Tiga ringgit sahaja, encik	only three ringgit, sir
Murah juga	it is quite cheap
Jemput lagi	please come again

31

Naik Teksi

A : *Teksi! Teksi!*
B : *Encik nak pergi ke mana?*
A : *Ke Jalan Pencala.*
B : *Baiklah encik.*
A : *Aii! Anda ikut jalan mana ni? Jalan ini jauh.*
B : *Ya, jalan ini jauh sedikit encik, tapi kurang sibuk. Lagipun kita boleh sampai lebih awal.*
A : *Tak usahlah ikut jalan ini, nanti saya kena tambang lebih.*
B : *Lebih sedikit apa salahnya encik?*
A : *Saya tak cukup duit. Tolong pusing semula.*
B : *Baiklah encik.*
A : *Jalan ini lebih dekat daripada jalan yang mula-mula anda ikut tadi bukan?*
B : *Ya, encik. Tapi jalan ini sibuk. Lihatlah sendiri. Kereta berderet-deret.*
A : *Betul cakap anda tetapi tidak mengapa. Itu pun rumah saya. Bolehlah berhenti, saya turun di sini.*
B : *Baiklah encik.*
A : *Berapa tambangnya?*
B : *Hanya seringgit dua puluh sen sahaja.*
A : *Ini duitnya.*
B : *Terima kasih encik.*
A : *Sama-sama.*

Vocabulary

pergi ke mana?	where to?
Baiklah	alright
ikut jalan mana	which road are you taking?
jalan ini jauh sedikit	this road is a bit far
tapi kurang sibuk	but less busy
boleh sampai lebih awal	can reach earlier

Tak usahlah	no need
nanti saya kena tambang lebih	lest I have to pay more
lebih dekat	nearer
anda ikut tadi	which you followed
Lihatlah sendiri	look for yourself
Kereta berderet-deret	traffic jam
Bolehlah berhenti	you can stop

32

Kegemaran

A : *Apa permainan yang anda suka sekali, Ali?*
B : *Permainan yang saya suka sekali ialah bola sepak.*
A : *Bila waktunya anda bermain?*
B : *Saya bermain waktu petang sesudah habis kerja.*
A : *Di mana anda bermain.*
B : *Saya bermain di padang besar berhampiran dengan gereja.*
A : *Tiap-tiap satu pasukan ada berapa orang?*
B : *Sebelas orang dalam setiap pasukan.*
A : *Sila terangkan bagaimana pemain-pemain itu diatur.*
B : *Seorang penjaga gol, dua orang barisan pertahanan, tiga orang barisan tengah dan lima orang barisan penyerang termasuk sayap kiri dan sayap kanan.*
A : *Selain daripada orang yang bermain itu apa lagi yang patut ada?*
B : *Selain daripada itu ada seorang pengadil dan dua orang penjaga garisan.*
A : *Di negeri manakah bola sepak sangat digemari?*
B : *Saya percaya di Brazil.*

Vocabulary

Apa permainan	what game
waktu petang	in the evening
padang besar	big field
berhampiran dengan gereja	near the church
pasukan	team
Di mana anda bermain	where do you play
Sila terangkan	please explain
bagaimana pemain-pemain	how are the players
barisan pertahanan	the defence
sayap kiri	left wing

sayap kanan	right wing
Selain daripada itu	besides that
seorang pengadil	a referee
penjaga garisan	linesman
Di negeri manakah	in which country
Saya percaya	I believe

33

Hari Raya

A : *Ada berapa hari raya bagi orang-orang Islam?*
B : *Ada dua iaitu, Hari Raya Puasa dan Hari Raya Haji.*
A : *Siapa yang paling gembira pada masa hari raya?*
B : *Kanak-kanaklah yang paling gembira kerana dapat memakai baju baru dan dapat wang hadiah daripada ibu bapa dan saudara-mara mereka.*
A : *Apakah persiapan sebelum hari raya?*
B : *Sebelum hari raya mereka membeli pakaian, membuat kuih dan mengemaskan rumah, dan pada malam-malam sebelum raya mereka memasang lampu elektrik yang beraneka warna dan berkelip-kelip seperti bintang.*
A : *Bagaimana pula dengan pagi hari raya?*
B : *Pada pagi hari raya pula mereka pergi ke masjid untuk bersembahyang Hari Raya. Lepas itu mereka ke kubur, membersihkan pusara dan membaca doa.*
A : *Lepas ke kubur mereka ke mana?*
B : *Mereka berjalan-jalan ke rumah saudara-mara dan sahabat-handai.*

Vocabulary

Ada berapa hari	how many days
paling gembira	very happy
baju baru	new clothes
oleh ibu bapa	by parents
mengemaskan rumah	tidy/clean the house
beraneka warna	various colours
berkelip-kelip	twinkles
seperti bintang	like stars
pagi-pagi	early in the morning
membersihkan pusara	clean the graveyards

sembahyang	pray
mereka berjalan-jalan	they visit
saudara-mara	relatives
sahabat-handai	friends

34

Rancangan Malaysia

A : *Apa berita penting dalam suratkhabar hari ini?*
B : *Yang pentingnya, berita Rancangan Malaysia yang Keempat, yang menjamin pembangunan yang lebih pesat.*
A : *Bagus tu. Dalam warta berita Radio Malaysia malam tadi pun ada juga butir-butir tentang Rancangan Malaysia tu.*
B : *Negara kita mencapai kemerdekaan hampir dua puluh empat tahun yang lalu, hampir suku abad. Setakat ini sebanyak empat Rancangan Malaysia telah dilancarkan.*
A : *Kita patut memuji pemimpin-pemimpin kita kerana mereka memang berusaha dengan gigih untuk meninggikan taraf hidup rakyat.*
B : *Saya bersetuju. Tapi mereka tidak dapat mengawal inflasi, satu masalah ekonomi yang menyusahkan semua rakyat.*
A : *Saya yakin lambat-laun kerajaan pasti akan dapat mengatasinya.*
B : *Saya harap begitu juga. Pemimpin-pemimpin kita pun berkaliber. Oleh itu masa depan negara kita agak cerah.*

Vocabulary

dalam suratkhabar	in the newspaper
yang menjamin	which promises
dalam warta berita	in the news
tentang	regarding, concerning
hampir suku abad	nearly a quarter of a century

berusaha	try, attempt, endeavour towards
dengan gigih	deligently and seriously
mengawal inflasi	control inflation
masalah ekonomi	economic problem
saya yakin	I am certain

35

Peranan Suratkhabar

A : *Selamat petang.*
B : *Selamat petang. Oh, ya! Sila masuk.*
A : *Terima kasih. Senang nampaknya anda petang ini.*
B : *Ya, Tak ada apa nak dibuat jadi saya membaca suratkhabar. Sebenarnya kerja tu banyak, tetapi tak ada hati nak membuatnya.*
A : *Memang betul. Saya pun tak ada hati nak menyangkul rumput di laman depan rumah saya tu. Padahal rumput tu dah mula nak panjang. Nampaknya anda tak boleh lekang dengan suratkhabar.*
B : *Dah lama saya berlanggan suratkhabar ni lebih kurang sepuluh tahun. Saya suka membaca berita-berita politik dunia.*
A : *Jadi anda ni dah pandai betullah dengan politik dunia.*
B : *Sedikit sebanyak adalah. Tak bolehlah hidup seperti katak di bawah tempurung.*
A : *Kalau begitu bolehlah dikatakan anda ini berpengetahuan luas.*
B : *Jangan puji sangat. Sebenarnya saya tertarik hati dengan suratkhabar semenjak saya di bangku sekolah lagi.*

Vocabulary

Sila masuk	please come in
Senang nampaknya	you appear to be free
saya membaca	I am reading
Sebenarnya	in fact
tak ada hati	do not have the mood
rumput	grass
berlanggan	subscribe
dengan politik dunia	with world politics

"Seperti katak di bawah tempurung"	like a frog under the coconut shell
berpengetahuan	well-informed
semenjak	since (of time)
Jangan puji sangat	don't praise me to the sky
di bangku sekolah	while in school

36

Pekerjaan

A : *Encik bekerja di jabatan apa?*
B : *Saya bekerja di Jabatan Kerja Raya.*
A : *Apakah pekerjaan encik?*
B : *Jurutera.*
A : *Apa fungsi Jabatan Kerja Raya?*
B : *Jabatan ini bertanggungjawab membina bangunan-bangunan kerajaan, jalan raya, jambatan-jambatan dan sebagainya.*
A : *Jabatan ini sungguh penting kepada negara.*
B : *Memang betul. Itu siapa pun tidak boleh menafikan. Beberapa projek pembinaan besar telah dijalankan dan apabila projek-projek besar yang lain disempurnakan, ramai orang dapat faedah, umpamanya lebuh raya timur-barat, sekiranya siap, Kelantan akan menjadi lebih maju.*

Vocabulary

di jabatan apa	in what department
Jabatan Kerja Raya	Public Works Department
Jurutera	engineer
Apa fungsi	what are the functions
bertanggungjawab	responsible
bangunan-bangunan kerajaan	government buildings
jalan raya	roads
dan sebagainya	and so forth
sungguh penting	very essential
disempurnakan	is completed
dapat faedah	enjoy the benefits
lebuh raya timur-barat	east-west highway
lebih maju	more advanced, more developed

37

Kemalangan Jalan Raya

A : *Anda dah pergi melawat Ali belum?*
B : *Ali? Kenapa?*
A : *Ya, Ali. Anda tak tahu lagikah?*
B : *Tak, saya tak tahu.*
A : *Ali mendapat kemalangan. Keretanya berlanggar dengan lori. Sekarang dia dirawat di Hospital Besar, Wad nombor 12.*
B : *Bagaimana dia, cedera parahkah?*
A : *Parah juga. Kepalanya luka sedikit tetapi kaki kirinya patah.*
B : *Oh! Kasihan! Dia seorang sajakah dalam kereta tu?*
A : *Ya, dia seorang saja. Dia kena langgar tu waktu pagi, waktu dia pergi ke pasar untuk membeli-belah.*
B : *Keretanya?*
A : *Keretanya remuk bahagian depan.*
B : *Drebar lori itu macam mana?*
A : *Drebar lori itu tak ada apa-apa. Cuma luka sedikit saja. Lorinya pun tak ada apa-apa kerosakan.*
B : *Yalah, lori besar, kuat. Mana nak lawan dengan kereta kecil. Seperti mentimun dengan durian, menggolek pun luka, kena golek pun binasa.*
A : *Siapa yang salah agaknya?*
B : *Katanya lori itu yang bersalah. Lori itu laju sangat.*
A : *Ya banyak pemandu-pemandu lori tak pedulikan orang lain. Dia ingat jalan raya tu dia seorang sahaja yang membayar cukainya.*

Vocabulary

pergi melawat	have visited
Kenapa	why? what for?
mendapat kemalangan	met with an accident
berlanggar dengan	collided with

kaki kirinya patah	his left leg is fractured
dalam keretanya	in his car
remuk	badly dented
bahagian depan	front portion
Cuma luka sedikit	only slightly hurt
Mana nak lawan	how to challenge
Tak pedulikan	do not care or think about
membayar cukai	pay taxes

38

Membaca Novel

A : *Anda dah habis membaca novel "Keluarga Gerilya"?*
B : *Sudah.*
A : *Bagaimana pendapat anda tentang novel "Keluarga Gerilya" itu?*
B : *Temanya sungguh mengharukan. Saya bersimpati dengan Aminah yang menderita.*
A : *Betulkah begitu?*
B : *Ya, betul. Novel mengguris jiwa ini memberikan satu gambaran tegas tentang pemerintahan kuku besi Belanda.*
A : *Nampaknya anda benar-benar memuji novel ini.*
B : *Ya, novel ini menarik hati. Ceritanya banyak memberi pengajaran dan nasihat yang baik kepada kita. Novel ini sudah pun diterjemahkan ke dalam Bahasa Belanda, Bahasa Inggeris, Bahasa Perancis, Bahasa Jerman dan Bahasa Rusia.*
A : *Oh! Begitukah?*

Vocabulary

habis membaca	completed reading
Sudah	I have
Bagaimana pendapat anda	what is your opinion
sungguh mengharukan	really touching
Saya bersimpati dengan	I sympathise with
kuku besi	tyrannical, cruel
memuji novel ini	praise this novel
nasihat yang baik	good advice
menarik hati	very interesting
sudah pun diterjemahkan	has been translated
Bahasa Belanda	Dutch
Bahasa Perancis	French
Begitukah?	is that so?

39

Beli Rumah

A : *Di mana Encik Ahmad bekerja?*
B : *Dia menjadi pengawai di Jabatan Tanah, Batu Gajah.*
A : *Dengarnya dia dah membeli rumah besar. Betulkah?*
B : *Ya! Dah sepuluh bulan dibelinya rumah tu.*
A : *Bagus betul nasib Encik Ahmad tu. Baru dua tahun kahwin, sudah dapat membeli rumah. Kita ini sudah sepuluh tahun lebih bekerja, dah hampir sepuluh tahun juga kita kahwin belum dapat beli rumah sendiri lagi. Macam mana pula dengan kawan-kawan kita yang lain tu agaknya?*
B : *Ramai kawan-kawan kita yang lain tu sampai sekarang pun masih belum dapat membeli rumah.*
A : *Rumah Encik Ahmad itu disewakannyakah?*
B : *Tidak. Dia duduk sendiri.*
A : *Dia berjimat cermat, ya!*
B : *Ya, saya ini boros. Itulah sebabnya saya belum lagi dapat membeli rumah.*

Vocabulary

Di mana?	where. The word *di* is a locative preposition and it is emphatic.
bekerja	works, serves, is employed
Dia menjadi pegawai	he is an officer
Dengarnya	from what I hear
Betulkah	is it true?
dibelinya	he has bought
Bagus betul nasib	what good luck
Baru dua tahun	just two years
Kita ini	like us
belum	not yet

rumah sendiri	own house
Macam mana	how can
sampai sekarang pun	to date, until now
disewakannyakah	is it rented?
berjimat cermat	frugal, thrifty
boros	extravagant

40

Tugas Polis

A : *Siapa nama encik?*
B : *Nama saya Hashim.*
A : *Encik bekerja sebagai apa?*
B : *Saya bekerja sebagai Inspektor Polis.*
A : *Apakah tugas-tugas polis?*
B : *Tugas polis ialah menjaga keamanan negara supaya tidak ada kekacauan dan mengawal supaya orang tidak melanggar undang-undang negara.*
A : *Apakah kesalahan-kesalahan melanggar undang-undang yang sering berlaku dalam negeri ini?*
B : *Kesalahan-kesalahan itu ialah mencuri, menyamun, memukul, membunuh, pecah amanah, menyeludup dan sebagainya.*
A : *Apa tindakan polis jika berlaku kejadian-kejadian seperti yang dikatakan tadi?*
B : *Polis akan menangkap orang-orang tersebut dan membawa mereka ke mahkamah pengadilan untuk dihukum.*

Vocabulary

bekerja sebagai apa?	what is your profession or post?
Inspektor Polis	Police Inspector
tugas-tugas	duties
keamanan	peace and order
supaya	so that
melanggar undang-undang	violate the laws
yang sering berlaku	which occurs frequently
mencuri	to steal
menyeludup	to smuggle

pengadilan judgement
untuk dihukum to be sentenced or punished

Menuntut di Luar Negeri

A : *Encik Abdullah. Agak lama tak bersua.*
B : *Ya, saya di luar negeri.*
A : *Pak Haji Dollah kata Encik di England.*
B : *Memang. Saya menuntut di salah sebuah universiti di sana.*
A : *Awak belajar tu belanja sendirikah atau biasiswa kerajaan?*
B : *Saya belajar tu belanja sendiri.*
A : *Di universiti awak belajar bahagian apa?*
B : *Saya belajar Ilmu Pergigian.*
A : *Jadi sekarang awak bertugas sebagai doktor gigilah!*
B : *Ya.*
A : *Di mana doktor bekerja, dengan kerajaan atau bekerja sendiri?*
B : *Saya bekerja dengan kerajaan di Ipoh.*
A : *Biasanya waktu lapang doktor buat apa?*
B : *Waktu lapang saya membaca buku. Tapi sebelah petang saya selalu main tenis. Kadang-kadang bila hari cuti saya pergi berkelah dengan keluarga saya.*

Vocabulary

Agak lama	it's a long time
tak bersua	have not met
Memang	certainly
biasiswa	scholarship
bertugas sebagai	work as
dengan kerajaan	with the government
bekerja sendiri	working on your own
Biasanya	normally or usually
sebelah petang	in the late afternoon
waktu lapang	during leisure hours

pergi berkelah go for picnics
dengan keluarga saya with my family

42

Mencari Rumah Sahabat

A : *Encik! Boleh saya tumpang bertanya?*
B : *Boleh! Apa salahnya?*
A : *Di mana rumah Encik Darshan Singh?*
B : *Encik Darshan Singh? Rumahnya rumah banglo, rumah berderet atau rumah berkembar?*
A : *Rumahnya jenis rumah banglo. Macam rumah encik ini juga. Dia seorang peguam.*
B : *Maafkan saya, saya tak kenal Encik Darshan Singh tu. Rumahnya di jalan apa?*
A : *Nombor 6, Jalan Munsyi Abdullah.*
B : *Kalau begitu, cuba encik cari di sebelah sana. Boleh jadi Jalan Munsyi Abdullah tu di sebelah sana. Jalan melintang macam jalan ke rumah saya ni semuanya angka genap.*
A : *Jalan rumah encik ini jalan apa?*
B : *Jalan Datuk Hussein Onn.*
A : *Baiklah encik. Terima kasih.*
B : *Sama-sama.*

Vocabulary

tumpang bertanya	may I ask
Boleh	can, certainly
Apa salahnya	that is perfectly alright
Rumahnya	his house
rumah berderet	terraced house
berkembar	semi detached
peguam	lawyer
saya tak kenal	I do not know
jalan apa	which road
sebelah	the other side

angka genap	even numbers. The antonym is *angka ganjil* which means odd numbers.
semuanya	all of them
Baiklah	alright

Keluarga Saya

A : *Encik masih bujang atau sudah beristeri?*
B : *Saya sudah beristeri.*
A : *Berapa orang anak?*
B : *Anak saya dua orang saja. Seorang lelaki, seorang perempuan.*
A : *Yang mana yang tua?*
B : *Yang lelaki yang tua.*
A : *Sudah bersekolahkah anak-anak encik tu?*
B : *Yang tua dah bersekolah darjah tiga. Yang seorang lagi tu akan bersekolah tahun depan.*
A : *Berapa orang adik beradik encik?*
B : *Adik beradik saya semuanya lima orang.*
A : *Berapa orang lelaki, berapa orang perempuan?*
B : *Lelaki empat orang, perempuan seorang sahaja.*
A : *Encik anak yang keberapa?*
B : *Saya anak bongsu.*
A : *Encik dulu bersekolah di mana?*
B : *Saya dulu bersekolah di Kuala Kangsar. Bila saya dah lulus Sijil Persekolahan Tinggi, saya terus melanjutkan pelajaran saya ke sebuah universiti di England.*

Vocabulary

masih bujang	still a bachelor
beristeri	married
Berapa orang anak?	how many children?
Yang mana	which one
bersekolah	at school
darjah tiga	standard three
seorang sahaja	only one
anak bongsu	the youngest child

lulus	pass
melanjutkan	continued
pelajaran saya	my studies
ke sebuah	to a
di	in. This is a locative preposition.

Kesalahan Lalulintas

A : *Tolong keluarkan lesen encik?*
B : *Ini dia lesen saya. Apa salah saya encik?*
A : *Encik memandu kereta lebih daripada laju yang dihadkan.*
B : *Oh, maafkan saya. Saya tidak sedar.*
A : *Encik tak nampakkah tanda had laju yang di tepi jalan tu?*
B : *Sebenarnya saya tak nampak.*
A : *Encik tinggal di Kuala Kangsar?*
B : *Ya ....*
A : *Sudah berapa lama encik tinggal di Kuala Kangsar?*
B : *Lebih kurang empat tahun.*
A : *Kalau begitu mustahillah encik tak nampak tanda had laju itu. Tentulah encik lalu di jalan ni tiap-tiap hari.*
B : *Maafkan saya encik. Sebenarnya saya tahu tanda had laju tu dan juga tahu jalan ni kereta tidak boleh lari lebih daripada enam puluh kilometer sejam. Tapi saya nak lekas. Ada hal mustahak, encik.*
A : *Apa mustahaknya itu encik?*
B : *Saya mahu lihat orang sakit.*
A : *Dua bulan yang lalu encik sudah diberi amaran kerana kesalahan yang sama juga ....*
B : *Itu .... itu ....*
A : *Kali ni saya tak dapat memaafkan encik lagi. Encik mesti didenda.*

Vocabulary

Tolong keluarkan	please produce
lesen	licence
laju	speed
Saya tak sedar	I am not aware
Sudah berapa lama	for how long

Kalau begitu	if that's the case
tiap-tiap hari	every day
mustahillah	it is indeed ridiculous
Sebenarnya	in fact
Ada hal mustahak	I have an important matter to see to
kesalahan yang sama	the same offence
saya tak dapat	I am unable
memaafkan	forgive or overlook
mesti didenda	must be fined

45

Menteri Wanita

A : *Assalamualaikum.*
B : *Waalaikumussalam.*
A : *Nampaknya ada tiga orang wanita dalam kabinet baru.*
B : *Itu petanda yang bagus.*
A : *Perdana Menteri Britain dan India pun wanita.*
B : *Dua orang wanita juga pernah menjadi Presiden di Argentina dan di Portugal. Israel dan Sri Lanka juga pernah mempunyai Perdana Menteri wanita.*
A : *Tangan yang menghayun buaian boleh juga menggoncang dunia!*
B : *Wanita memanglah berbakat dan setanding dengan lelaki. Anda patut membaca novel Indonesia "Layar Terkembang" dan "Belenggu".*
A : *Anda sasterawan. Saya sangat sibuk. Saya tidak sempat membacanya.*
B : *Wanita adalah lambang ibu. Jasa mereka patut diingati dengan penuh kesyukuran.*

Vocabulary

tiga orang wanita	three ladies
Itu petanda yang bagus	that is a healthy sign
pernah menjadi	have become
Tangan yang menghayun buaian	the hands that rock the cradle
menggoncang	to shake
berbakat	talented
setanding dengan	at par with
membaca novel Indonesia	read Indonesian novels
Saya sangat sibuk	I am very busy
lambang ibu	symbol of motherhood

Jasa mereka	their services
kesyukuran	gratitude

16

Layang-layang

A : *Benarkah Pak Ali, layang-layang sangat digemari di beberapa negara?*
B : *Memang benar. Dalam kitab "Sejarah Melayu" pun kita sempat membaca perihal layang-layang. Layang-layang memainkan peranan penting dalam kehidupan manusia.*
A : *Benarkah perkataan layang-layang melambangkan sesuatu di beberapa buah negara?*
B : *Ya, di Jepun layang-layang disebut "tako" yang bermakna sotong, di China "feng-cheng" bermakna alat kecapi, di India "patam" bermakna bulu.*
A : *Apakah keistimewaan layang-layang?*
B : *Layang-layang bukan sahaja digunakan sebagai permainan tetapi juga sebagai senjata dalam peperangan. Orang Samoa menggunakan layang-layang untuk menangkap ikan.*
A : *Ajaib sungguh! Berapa beratkah layang-layang.*
B : *Layang-layang yang mula-mula dijumpai di Jepun dan China seberat hingga satu tan dan panjang sehingga enam puluh kaki.*
A : *Dari mana asalnya layang-layang?*
B : *Asalnya dari negeri China tetapi ia sangat popular di negara-negara Barat sebelum kelahiran Nabi Isa.*
A : *Benarkah permainan layang-layang masyhur juga di Timur Jauh?*
B : *Ya. Timur Jauh merayakan Hari Layang-layang setiap tahun. Kononnya mereka mengadakan pesta itu untuk menghalau hantu syaitan.*

Vocabulary

layang-layang	kite
beberapa negara	some countries

Dalam kitab	in the book
dalam kehidupan	in the lives
disebut	is called
yang bermakna	which means
bukan sahaja	not only
tetapi juga	but also
sebagai senjata	as a weapon
menggunakan layang-layang	use the kites
perahu mereka	their boats
menangkap ikan	to catch fish
asalnya	the origin is
masyhur juga	also famous
Kononnya	it is said, it is believed

47

Batu Bersurat

A : *Encik Ali! Apakah Batu Bersurat?*
B : *Pada zaman dahulu, orang tidak mencatatkan sejarah pada buku seperti pada masa sekarang. Sebaliknya mereka mencatatkan sejarah di atas batu. Batu-batu ini dipanggil Batu Bersurat.*
A : *Di mana Batu Bersurat pernah dijumpai?*
B : *Di Kuala Berang, Terengganu dalam tahun 1899.*
A : *Siapakah yang mula-mula cuba membacanya?*
B : *Yang mula-mula cuba membacanya ialah Syed Hussein bin Ghulam Al-Bukhari dalam tahun 1902. Tapi dia hanya boleh membaca beberapa perkataan sahaja.*
A : *Sekarang di mana Batu Bersurat itu?*
B : *Batu itu dipersembahkan kepada Sultan Zainal Abidin yang memerintah Terengganu ketika itu. Baginda adalah seorang yang alim dan warak. Bila baginda tahu yang batu itu ada hubungan dengan agama Islam, batu itu pun diletakkannya di dalam sebuah kota berhampiran dengan Muara Sungai Terengganu.*
A : *Sekarang ahli-ahli sejarah sudah tahukah apa yang tertulis itu?*
B : *Ya! Tulisan yang terdapat di atas batu itu ialah tulisan Jawi dalam Bahasa Melayu lama yang bercampur dengan bahasa Arab dan Sanskrit.*
A : *Apakah kesimpulan daripada tulisan itu?*
B : *Batu itu tertulis dalam tahun Hijrah 702 bersamaan Tahun Masihi 1303. Dalam abad yang keempat belas Negeri Terengganu adalah sebuah negeri yang maju terutamanya dari segi perkembangan agama Islam.*

Vocabulary

Apakah	what is
Pada zaman dahulu	in the olden days
sejarah	history
Sebaliknya	instead
cuba membacanya	tried to read
beberapa perkataan	several words
dipersembahkan	presented
ketika itu	at that time
alim dan warak	learned and pious
ahli-ahli sejarah	historians
kesimpulan	conclusion
Dalam abad	in the century
sudah tahukah	do they know
bercampur dengan	mixed with
terutamanya	particularly
dari segi	from the angle
perkembangan	development

Pengkhianat

A : *Benarkah Pak Abdullah, empat pegawai dagang yang bekerja di negeri ini diusir keluar?*
B : *Benar. Tindakan tegas wajib diambil terhadap sesiapa yang jadi pengkhianat.*
A : *Tentu ramai akan diusir tak lama lagi.*
B : *Sudah tentu. Kerajaan tidak akan bertolak ansur dalam perkara begini.*
A : *Tidakkah tindakan-tindakan ini menjejaskan pelaburan asing?*
B : *Saya rasa tidak. Mana boleh, bunga dipetik, perdu ditendang.*
A : *Saya harap tindakan begini akan berterusan.*
B : *Ya, alang-alang seluk pekasam biar sampai ke pangkal lengan. Pegawai-pegawai dagang yang datang untuk bekerja sementara itu haruslah faham bahawa mereka dibenarkan bekerja di negara ini dengan syarat-syarat tertentu.*
A : *Memang baik pegawai-pegawai dagang yang khianat itu disingkir dengan segera.*
B : *Pegawai-pegawai dagang itu seringkali tidak menjalankan tugas sebagai penasihat sahaja tetapi sebaliknya menjalankan kerja-kerja pentadbiran dan pengurusan yang sepatutnya dijalankan oleh anak negeri ini sendiri.*

Vocabulary

Benarkah	is it true
yang bekerja di negeri ini	who work in this country
Tindakan tegas	positive steps
terhadap sesiapa	against anyone
Tentu ramai	should be many

bertolak ansur	compromise
menjejaskan	jeopardise
"Bunga dipetik perdu ditendang"	a proverb meaning getting the best profit or gain but ignoring or ridiculing the source responsible for the profit.
"Alang-alang seluk pekasam biar sampai ke pangkal lengan"	a proverb which means when an action is taken it should be to get the maximum effect and result.
tidak menjalankan	do not perform
bekerja sementara	work temporarily
sebaliknya	on the other hand
pentadbiran	administration
pengurusan	management

49

Ajaran-ajaran Sesat

A : *Nampaknya Encik Abdullah termenung?*
B : *Ya, saya teringatkan peristiwa dahsyat di Batu Pahat.*
A : *Sungguh sedih peristiwa yang tidak diingini itu.*
B : *Penyerang-penyerang itu mesti dihukum berat.*
A : *Rakyat harus lebih berwaspada dan menjauhkan diri daripada anasir-anasir jahat itu.*
B : *Ya, sebagaimana kita tahu agama Islam amat melarang umatnya melakukan tindakan-tindakan mengikut hawa nafsu apa lagi tindakan yang boleh membawa pertumpahan darah.*
A : *Inilah akibatnya kalau kita mengabaikan ingatan ikhlas dan jujur para pemimpin kita supaya jangan mudah terpengaruh dengan ajaran-ajaran agama yang menyeleweng, apa lagi ajaran-ajaran sesat.*
B : *Memang betul. Islam tidak menyukai umatnya mempercayai sesuatu dengan membabi-buta sahaja. Allah menyuruh kita sekalian mengikut ke jalan benar yang terbentang luas. Ajaran Allah terkandung dalam Al-Quran.*
A : *Kita perlu berhati-hati supaya peristiwa buruk yang berlaku di Batu Pahat itu tidak akan berulang.*
B : *Ya, ini perlu demi keselamatan negara.*

Vocabulary

Nampaknya	it appears to be
termenung	in deep thought
peristiwa dahsyat	awful incident
Sungguh sedih	very sad indeed
Penyerang-penyerang itu	the attackers
mesti dihukum	should be punished
menjauhkan diri	to avoid

Rakyat harus	the people should
apa lagi	what else
terpengaruh dengan	influenced by
dengan membabi-buta	blindly
terkandung dalam	as contained in
Kita perlu	we need
demi keselamatan negara	for the sake of national safety

50

Gempa Bumi

A : *Selamat pagi, Abdullah.*
B : *Selamat pagi.*
A : *Benarkah gempa bumi di Al-Asnam, Algeria sungguh dahsyat?*
B : *Ya, kota Al-Asnam telah musnah akibat gempa bumi kuat itu.*
A : *Ramaikah yang terkorban?*
B : *Ya, lebih dari enam ribu mayat telah dijumpai setakat ini. Sementara itu 40 ribu orang pula cedera.*
A : *Adakah negara-negara yang telah menghulurkan derma?*
B : *Ya, Iraq, telah menyumbangkan derma sepuluh juta dollar untuk membangunkan semula Al-Asnam.*
A : *Sudahkah mayat-mayat itu dikebumikan dengan sempurna?*
B : *Belum lagi. Pihak berkuasa masih mencari mayat-mayat di bawah runtuhan bangunan di mana dianggarkan kira-kira dua puluh ribu orang terbunuh.*
A : *Apakah langkah-langkah tegas yang telah diambil?*
B : *Para doktor Al-Asnam meneruskan gerakan menyuntik menentang wabak penyakit ceret-beret dan taun. Kapal terbang pun sedang menyemburkan ubat pencegah hama di kawasan-kawasan di mana bangkai-bangkai kambing dan lembu berselerak di kaki bukit dan di kolam air.*

Vocabulary

Benarkah	is it true?
sungguh dahsyat	very awful
kota	city
gempa bumi	earthquake

terkorban	became victims
mayat	corpse
telah dijumpai	have been found
setakat ini	so far
menyumbangkan	contribute, donate
dikebumikan	buried
Belum lagi	not yet
langkah-langkah tegas	positive steps
wabak	epidemic
ceret-beret	dysentry
taun	cholera
berselerak	scattered about

51

Penyakit Kuku dan Mulut

A : *Ke mana Encik Abdullah, pagi-pagi ini?*
B : *Ke pasar, hendak membeli sedikit daging.*
A : *Daging sukar didapati sekarang?*
B : *Ya, ini adalah kerana Jabatan Haiwan mengawal penyembelihan binatang ternakan.*
A : *Mengapa pula?*
B : *Jabatan Haiwan terpaksa mengambil langkah mengawal pengedaran daging sebagai langkah menentang penyakit kuku dan mulut.*
A : *Apakah langkah-langkah lain yang diambil untuk mencegah penyakit itu?*
B : *Suntikan sedang dijalankan di seluruh negara, penternak-penternak diminta melaporkan ke Jabatan Haiwan yang berdekatan sekiranya ternakan mereka mengidap penyakit itu.*
A : *Saya bersetuju. Penternak-penternak patutlah bertanggungjawab.*
B : *Selain dari itu pihak Jabatan Haiwan akan memastikan semua lembu dan kerbau yang hendak disembelih mestilah disuntik dan diperiksa terlebih dahulu. Sementara itu, Kerajaan sedang mengambil langkah untuk mengimport daging dari luar negeri untuk memenuhi keperluan.*

Vocabulary

pagi-pagi ini	early in the morning
sukar didapati	difficult to get
mengawal	control
Mengapa pula	why so
Jabatan Haiwan	veterinary department
sebagai langkah	as a step

penyakit kuku dan mulut	foot and mouth disease
untuk mencegah	to prevent
Suntikan	injection, vaccination
di seluruh negara	throughout the country
melaporkan	to report, to inform
Sekiranya	in case
Saya bersetuju	I agree
diperiksa	to examine

52

Banjir

A : *Nampaknya hujan lebat pagi ini, Encik Abdullah?*
B : *Ya malam tadi pun hujan lebat.*
A : *Khabarnya banjir tahun ini pun dahsyat juga.*
B : *Ya, di Seberang Perai, lebih dari dua ribu orang telah diberi bantuan oleh Kerajaan.*
A : *Adakah sesiapa menjadi korban banjir tahun ini?*
B : *Seorang lelaki India berusia tiga puluh tujuh tahun telah menjadi korban banjir pertama di Perak tahun ini. Dia telah dihanyutkan air di Kroh.*
A : *Sungguh menyedihkan ya!*
B : *Taiping pun dilanda banjir. Lebih empat ratus keluarga dari enam buah kampung di kawasan Batu Kurau menyambut Hari Raya Haji dalam suasana muram kerana kampung mereka ditenggelami air.*

Vocabulary

hujan lebat	heavy rain
pagi ini	this morning
malam tadi	last night
banjir tahun ini	this year's flood
dahsyat juga	awful, indeed
lebih dari	more than
diberi bantuan	given aid
oleh Kerajaan	by the government
menyambut	celebrate
korban banjir pertama	first flood victim
dihanyutkan	swept away
banjir	flood
keluarga	family

53

Projek Pembangunan

A : *Benarkah Encik Abdullah, projek-projek pembangunan di Ipoh berjalan dengan pesat dan lancar?*

B : *Ya, akibatnya kesibukan lalulintas di bandar Ipoh.*

A : *Keadaan ini akan menyusahkan orang ramai.*

B : *Ya, tetapi baru-baru ini Majlis Perbandaran berkenaan telah memperkenalkan sistem jalan sehala di beberapa batang jalan penting di pekan lama.*

A : *Baguslah begitu. Bagaimanapun soalan kesibukan dan kesesakan lalulintas ini, mungkin akan terus dihadapi kerana bandar Ipoh semakin pesat membangun dan menjadi tumpuan ramai.*

B : *Memang betul, kini beberapa projek besar yang menelan belanja berpuluh-puluh juta ringgit sedang dilaksanakan.*

A : *Apakah projek-projek itu?*

B : *Antara projek-projek besar itu ialah pembinaan rumah pangsa setinggi dua puluh tingkat dan pasar baru.*

A : *Bilakah rumah pangsa itu akan siap?*

B : *Kerja-kerja pembinaan rumah pangsa itu telah dimulakan tahun lalu dan dijangka siap menjelang pertengahan tahun hadapan. Setakat ini pembinaan sedang berjalan dengan lancar.*

A : *Pasar baru pun pasti besar juga.*

B : *Benar. Pasar baru yang berharga lapan juta ringgit sedang dibina. Ia berbentuk moden dan serba lengkap dengan tempat meletak kereta di bawah tanahnya yang boleh memuatkan kira-kira empat ratus buah kereta.*

Vocabulary

pembangunan   development

lalulintas	traffic
memperkenalkan	introduce
jalan sehala	one way street
Memandangkan	In view of the fact
beberapa projek	several projects
dilaksanakan	implemented
rumah pangsa	flat
Pasar baru	new market
telah dimulakan tahun lalu	started last year
moden dan serba lengkap	sophisticated and well equipped
boleh memuatkan	can accommodate

54

Minyak

A : *Dalam laporan Ekonomi tahun ini dan tahun hadapan, ada ulasan berkenaan minyak.*
B : *Memang ada. Katanya harga minyak di negara ini tidak akan meningkat lagi sehingga tahun hadapan memandangkan harganya sekarang sudah tinggi.*
A : *Tetapi peperangan boleh menimbulkan kesan buruk.*
B : *Ya, tetapi laporan Ekonomi yang memberikan ramalan ini tidak mengambil kira peperangan yang berlangsung antara Iraq dengan Iran kerana ia disediakan lebih awal.*
A : *Negara kita mengeksport banyak minyak bukan?*
B : *Ya, tahun lalu Malaysia mengeksport sebanyak 90.4 juta tong minyak mentah, dengan harga $4,210 juta. Tahun ini ia dikurangkan kepada 78 juta tong sahaja.*
A : *Siapa pula pembeli yang besar?*
B : *Jepun telah membeli sebanyak 44 peratus dari jumlah eksport minyak Malaysia iaitu 40.3 juta tong, bernilai $1,853 juta ini diikuti dengan Amerika Syarikat sebanyak 26 peratus atau 23.7 juta tong dengan nilai $1,095 juta.*

Vocabulary

laporan	report
berkenaan minyak	regarding fuel or petroleum
harga minyak	fuel price
sudah tinggi	is already high
peperangan	war
kesan buruk	adverse effect
ramalan	prediction, forecast
disediakan lebih awal	prepared earlier

banyak minyak	a lot of fuel
minyak mentah	crude oil
pembeli	the buyer, the purchaser
bernilai	worth

55

Belanjawan

A : *Belanjawan tahun ini menguntungkan golongan miskin?*

B : *Memang betul. Subsidi yang diberikan boleh mengurangkan penderitaan masyarakat desa.*

A : *Ramai mendapat subsidi yang merupakan makanan dan sebagainya.*

B : *Tindakan kerajaan memanglah adil kerana ia tidak mahu rakyat menanggung beban disebabkan inflasi.*

A : *Bagaimana kerajaan dapat membekalkan subsidi sebegitu banyak?*

B : *Wang yang dibelanjakan adalah dari rakyat juga, dikutip dari berbagai sumber cukai.*

A : *Oh, begitu. Golongan miskin memerlukan bantuan juga.*

B : *Tapi, petani atau pesawah janganlah terlalu bergantung kepada subsidi. Mereka patutlah berdikari.*

A : *Benar juga. Kalau subsidi tidak diberi ekonomi negara mungkin merosot, kaum nelayan masih dalam serba kekurangan.*

B : *Ya, saya bersetuju dengan pendapat anda. Mana-mana sektor yang belum boleh berdikari akibat tekanan hidup, seperti kaum nelayan misalnya, patutlah diberikan lebih lagi subsidi daripada pekebun-pekebun kecil getah dan pesawah-pesawah.*

Vocabulary

Belanjawan tahun ini	the budget this year
menguntungkan	benefits
yang diberikan	which is given
adil	fair

menanggung beban	to shoulder the burden
disebabkan inflasi	due to inflation
dapat membekalkan	able to provide
berbagai sumber	various sources
memerlukan juga	also need
bergantung kepada	depends on
patutlah berdikari	should be self-reliant
merosot	aggravate

56

Sampah-sarap

A : *Ada juga kawasan yang masih kotor, Encik Abdullah?*
B : *Apa boleh buat? Ada orang yang tidak bertanggungjawab, tidak mahu mengindahkan kempen kebersihan.*
A : *Penduduk bandar Kuala Brang baru-baru ini mendesak pihak berkuasa tempatan membersihkan sampah-sarap dalam longkang bagi memudahkan perjalanan air.*
B : *Aduan mereka mestilah berasas.*
A : *Ya, bila hujan lebat air dalam longkang itu masuk ke kedai dan rumah hingga meninggalkan bau busuk.*
B : *Keadaan itu tidak boleh dibiarkan.*
A : *Ya, tindakan tegas mesti diambil dengan segera. Sekiranya pihak berkuasa tempatan tidak membersihkan sampah-sarap, kesihatan penduduk-penduduk di situ akan terganggu.*
B : *Penduduk-penduduk juga mesti disalahkan. Mereka bersikap cuai dan membuang sampah-sarap di merata tempat.*
A : *Pihak berkuasa perlu menyediakan tong sampah supaya orang ramai tidak membuang sampah sesuka hati.*
B : *Kerajaan memang bertanggungjawab. Tong sampah disediakan dengan cukupnya.*

Vocabulary

Ada juga kawasan	there are also areas
masih kotor	still dirty
Apa boleh buat?	what can be done?
tidak bertanggungjawab	irresponsible
kempen kebersihan	cleanliness campaign

baru-baru ini	recently
tempatan	local
bagi memudahkan	to facilitate
dalam longkang	in the drain
bau busuk	foul smell
dengan segera	immediately
sampah-sarap	rubbish
akan terganggu	will be affected
mesti disalahkan	should be blamed
bersikap	having the attitude
cuai	careless and lazy
tong sampah	dustbin
di merata tempat	in every place
dengan cukupnya	sufficiently

57

Penderitaan Rakyat

A : *Benarkah Encik Abdullah, penduduk-penduduk Gua Reban menderita?*
B : *Benar. Malang datang tidak berbau. Nasib mereka kini seolah-olah bagaikan sudah jatuh ditimpa tangga.*
A : *Apakah punca penderitaan mereka?*
B : *Sejak tiga minggu lalu mereka tidak menoreh getah kerana hujan saban hari. Lantaran itu, hutang di kedai pun bertapuk. Dapur tidak berasap.*
A : *Kasihan! Mereka perlu diberi bantuan.*
B : *Nasib mereka sungguh malang. Titi yang menghubungi kampung mereka dengan pekan Kupang, runtuh akibat arus deras Sungai Ketil. Titi inilah satu-satunya yang menghubungkan mereka dengan dunia luar. Segala hasil mereka seperti getah, ikan darat, dan lain-lain untuk dijual di pekan, dibawa melalui titi ini.*
A : *Begitukah? Penduduk-penduduk itu terpencil benar.*
B : *Bukan itu sahaja, murid-murid sekolah juga turut menderita, tidak dapat ke sekolah.*
A : *Betapa sedihnya.*
B : *Mujurlah kerajaan telah pun mengambil langkah positif untuk memperbaiki titi itu.*

Vocabulary

penduduk-penduduk	inhabitants
Malang datang	misfortune comes
tidak berbau	without warning
Nasib mereka	their luck
seolah-olah	as if
Apakah punca	what's the cause
penderitaan	sufferings

menoreh getah	to tap rubber
bertapuk	accumulated
Dapur tidak berasap	they did not cook
akibat arus	as a result of the swift current
dunia luar	outside world
untuk dijual	for sale
terpencil benar	really isolated
dibawa melalui	brought through
Betapa sedihnya	what a pity
Sungguh wajar	very appropriate

Asrama Anak Yatim

A : *Di negara kita ada banyak asrama anak yatim.*
B : *Ya, itu satu tanda sihat.*
A : *Kerajaan Kedah sedang memperbaiki sebuah bangunan kerajaan di Yan untuk dijadikan asrama anak-anak yatim negeri.*
B : *Bangunan apakah itu?*
A : *Bangunan itu bekas rumah pegawai daerah.*
B : *Bila agaknya dijangka siap?*
A : *Sebelum bulan Mac tahun depan.*
B : *Sekarang anak-anak yatim itu ditempatkan di mana?*
A : *Anak-anak yatim itu tinggal di Asrama Puteri Pekan Yan yang hanya boleh menempatkan dua belas orang sahaja.*
B : *Berapa orang boleh ditempatkan di asrama baru nanti?*
A : *Seramai lima puluh orang.*
B : *Baguslah. Apakah nama yang dicadangkan untuk asrama baru.*
A : *Asrama itu akan dikenali dengan nama "Asrama Budi".*

Vocabulary

Di negara kita	in our country
anak yatim	orphans
memperbaiki	repairing
bangunan kerajaan	government building
pegawai daerah	district officer
dijangka	expected
Sebelum bulan	before the month
ditempatkan	is placed
asrama baru	new hostel

dicadangkan	proposed
dikenali	known
dengan nama	as. This is an idiomatic expression.

59

Pencemaran Udara

A : *Banyak juga kilang di negara kita ini ya, Encik Abdullah.*
B : *Ya. Tapi ada orang yang merungut pula!*
A : *Mengapa?*
B : *Ramai yang mengadu tak tahan menyedut udara kotor.*
A : *Sungguhkah?*
B : *Ya, hampir 500 orang penduduk Lorong Asap dan Lorong Kampung Pisang di Alor Setar merasa dukacita kerana kilang memproses getah di situ masih lagi mengeluarkan asap busuk.*
A : *Kasihan! Keadaan itu boleh membahayakan kesihatan.*
B : *Mereka benar-benar khuatir. Empat tahun dahulu kerajaan telah pun menghantar notis kepada kilang tersebut supaya berpindah.*
A : *Nampaknya, notis kerajaan itu tidak diindahkannya.*
B : *Penduduk-penduduk di kawasan itu mengadu mereka sudah tak tahan lagi.*
A : *Saya harap kerajaan akan mengambil tindakan tegas.*
B : *Tentu sekali. Langkah-langkah sedang diambil oleh kerajaan untuk memindahkan kilang berkenaan.*

Vocabulary

Banyak kilang	many factories
yang merungut	who are grumbling
Ramai yang mengadu	many complained
Sungguhkah	is it true
tak tahan	unable to bear
mengeluarkan	produce
boleh membahayakan	can endanger

kesihatan	health
benar-benar khuatir	really worried
Tentu sekali	certainly
kawasan itu	that area
udara kotor	foul air

60

Jambatan Runtuh

A : *Encik Abdullah, benarkah sebuah jambatan telah runtuh di pedalaman Ulu Besut?*

B : *Ya, malang telah menimpa lebih 5,000 orang penduduk pedalaman mukim Ulu Besut, apabila jambatan yang menghubungi lima buah kampung di situ dengan bandar Jerteh telah runtuh.*

A : *Di mana letaknya jambatan itu?*

B : *Jambatan itu terletak di batu 10 Sungai Angga. Ia telah musnah sama sekali apabila treler kayu balak dengan muatan berlebihan lalu di atasnya.*

A : *Apakah kesan kejadian itu?*

B : *Kejadian ini menyulitkan hubungan antara kampung Bukit Payung, Felda Tenang, Kampung Pancur, Kampung La dan Kampung Keruak dengan tempat lain kerana itulah sahaja jalan penghubung di Ulu Besut.*

A : *Kasihan. Mereka tentu akan mengalami kesulitan besar.*

B : *Ya! Murid-murid sekolah pun tak dapat ke sekolah.*

A : *Penduduk di situ tentu akan merayu, agaknya?*

B : *Ya. Penduduk-penduduk di situ telah mendesak kerajaan untuk membaiki jambatan itu segera. Sementara menanti jambatan baru, sebuah titi sementara akan dibina.*

A : *Titi sementara itu tentu bahaya agaknya?*

B : *Ya, terutamanya bagi wanita dan orang tua kerana air sungai itu dalam juga.*

A : *Kasihan.*

B : *Sejak minggu lalu ramai penduduk kampung itu tak dapat ke bandar. Mereka seolah-olah terkandas.*

Vocabulary

sebuah jambatan	a bridge
runtuh	collapse
malang	mishap
menghubungi	link
di mana	where
sama sekali	completely
dengan muatan berlebihan	excessive load
Kejadian ini	this incident
Kasihan	pity
tak dapat ke sekolah	unable to go to school
merayu	appeal
titi sementara	temporary bridge
terutama wanita	especially women
seolah-olah terkandas	as if stranded

61

Penjajah

A : *Nama-nama bandar di negara kita masih berbau penjajah.*

B : *Ya, langkah-langkah tegas telah pun diambil. Bandar Teluk Anson akan ditukarkan dengan nama Teluk Mak Intan dan Kuala Sepatang akan menggantikan nama Port Weld.*

A : *Baik juga tindakan itu. Menurut sejarah nama asal Teluk Anson, ialah bagi mengambil sempena nama seorang pedagang wanita yang gigih lagi bijaksana.*

B : *Masih juga ada lagi nama-nama yang masih berbau penjajah.*

A : *Ya, seperti pegawai-pegawai Inggeris Colonel Butterworth, William Cameron dan Paul Dickson; Bandar Butterworth, Cameron Highlands dan Port Dickson dinamakan sempena nama mereka.*

B : *Nama seperti tempat-tempat yang dinyatakan itu sudah tidak begitu sesuai lagi sekarang apatah lagi setelah kita mencapai kemerdekaan.*

Vocabulary

Nama-nama bandar	the names of towns
penjajah	colonial
telah pun diambil	have been taken
akan ditukarkan	will be changed
menggantikan	replacing
Menurut sejarah	according to history
sempena	in memory
gigih	very efficient
Nama asal	original name
Masih juga ada	there are still

pegawai-pegawai Inggeris   English officers
mencapai kemerdekaan   achieve independence

62

Kegiatan Jenayah

A : *Kegiatan jenayah dewasa ini bukan sahaja dilakukan oleh golongan dewasa malahan oleh golongan kanak-kanak juga.*
B : *Benar. Perbuatan jenayah merupakan penyakit sosial yang merbahaya dalam masyarakat.*
A : *Apakah sebabnya?*
B : *Masing-masing punya sebab mengapa mereka melakukan jenayah. Mungkin terdesak, terpengaruh dengan suasana keliling dan seribu satu alasan lagi.*
A : *Apa pula agaknya sebab yang utama?*
B : *Sebab musababnya amat sukar kita cari. Apatah lagi untuk mencari jalan penyelesaian bagi mengatasi masalah ini.*
A : *Siapakah yang harus disalahkan, masyarakat atau keluarga atau kanak-kanak itu sendiri?*
B : *Semuanya salah.*
A : *Bagaimana boleh kita atasi masalah ini?*
B : *Didikan agama merupakan salah satu jalan yang penting.*
A : *Selain daripada itu?*
B : *Sesungguhnya penyelesaian yang muktamad adalah terletak pada ibu bapa sendiri. Merekalah yang akan mengasuh dan mendidik anak-anak itu.*

Vocabulary

Kegiatan jenayah	criminal activities
dewasa ini	recently
bukan sahaja	not only
golongan dewasa	the adults
merupakan	appears to be
penyakit sosial	social disease

masyarakat	society
Masing-masing	each
Mungkin terdesak	probably urged
terpengaruh dengan	influenced by
bagi mengatasi	to overcome
masalah ini	this problem
harus disalahkan	should be blamed
Semuanya salah	all are to be blamed
yang penting	very important
Selain daripada itu	besides that
ibu bapa	parents

63

Tabiat Menipu

A : *Tabiat mencuri di kalangan anak-anak kita sekarang sungguh tak menyenangkan.*
B : *Apa boleh buat. Tabiat menipu jika dibiarkan lama-kelamaan mencuri akhirnya.*
A : *Memang benar, seperti dalam pantun yang berbunyi:-*
  Siakap senohong,
  Gelama ikan duri.
  Cakap bohong,
  Lama-lama mencuri.
B : *Anak-anak juga sering menipu dalam ujian di sekolah. Mengapa ini boleh berlaku?*
A : *Ini ialah kerana kurangnya persediaan untuk menghadapi peperiksaan, dan si anak pula takut mendapat markah rendah dalam kelas.*
B : *Amalan menipu di sekolah tidak mendatangkan faedah malah merugikan diri mereka sendiri.*
A : *Memang. Gejala ini benar-benar kurang sihat.*
B : *Apakah langkah yang patut diambil.*
A : *Sekali-sekala baik juga dibawa anak-anak kita mendengar syarahan agama di masjid.*
B : *Ya, kanak-kanak memerlukan asuhan dan didikan yang sempurna.*
A : *Ya, ini siapa pun tidak boleh menafikan.*

Vocabulary

Tabiat mencuri	habit of stealing
di kalangan	among
menipu	to cheat, deceive
jika dibiarkan	if allowed
lama-kelamaan	eventually
mencuri akhirnya	will become a thief finally
dalam ujian	in the tests

markah rendah	low marks
dalam kelas	in class
tidak mendatangkan	does not bring
faedah	benefit
malah	as a matter of fact
gejala	unbecoming traits
patut diambil	should be taken
Sekali-sekala	once in a way
mendengar	to listen
di masjid	in the mosque
asuhan	upbringing
didikan	training
tidak boleh menafikan	cannot deny

64

Perusahaan Pelancongan

A : *Nampaknya ramai orang di Pesta Taiping.*
B : *Pesta Taiping memang menarik seperti juga Pesta Pulau Pinang.*
A : *Tapi pesta tahun ini lebih menarik dari tahun-tahun lalu. Berbagai acara diaturkan.*
B : *Pameran oleh jabatan-jabatan kerajaan dan swasta, kali ini menarik perhatian ramai pengunjung.*
A : *Apa yang menggembirakan segala pendapatan dari pesta itu akan digunakan untuk memajukan perusahaan pelancongan di Taiping.*
B : *Langkah itu memang baik sekali. Sebenarnya pesta ini diadakan untuk menarik lebih ramai para pelancong tempatan dan luar negeri mengunjungi bandar Taiping yang juga terkenal sebagai bandar sejarah dan bandar pelancongan.*
A : *Diharapkan pesta tahun hadapan akan lebih menarik lagi.*

Vocabulary

ramai orang	many people
Pesta	festival
menarik	interesting
dari tahun-tahun lalu	from previous years
berbagai acara	various items
Pameran	exhibition
jabatan-jabatan kerajaan	government departments
swasta	private
segala pendapatan	all the income
akan digunakan	will be used
untuk memajukan	to improve
perusahaan pelancongan	tourists industry

untuk menarik	to attract
para pelancong	tourists
tempatan	local
mengunjungi	visit
bandar sejarah	historical city

65

Musim Tengkujuh

A : *Teruk juga ya musim tengkujuh tahun ini.*
B : *Ya. Beberapa buah kampung di daerah Padang Terap, Kedah dilanda bajir beberapa kali bulan ini, kerana hujan lebat turun hampir setiap hari menyebabkan air sungai melimpah ke daratan.*
A : *Adakah jambatan yang rosak?*
B : *Jambatan Kuala Nerang, Padang Sanai yang paling teruk sekali ini.*
A : *Apakah langkah-langkah keselamatan yang diambil oleh kerajaan?*
B : *Mangsa-mangsa banjir dipindahkan ke pusat-pusat perpindahan dan diberikan bantuan yang diperlukan.*
A : *Bagaimana pula di Kuala Nerang?*
B : *Hampir tujuh puluh orang penduduk Kuala Pai, dalam daerah Kuala Nerang telah berpindah ke Dewan Orang Ramai setelah kampung mereka ditenggelami air sedalam tiga kaki. Empat buah bot kepunyaan polis dan askar telah ditempatkan di situ untuk membantu memindahkan mangsa-mangsa itu.*

Vocabulary

musim tengkujuh	rainy season
Beberapa buah kampung	several villages
dilanda banjir	affected by flood
hampir setiap hari	nearly every day
melimpah	overflow
paling teruk	worst hit
ke pusat-pusat	to centres
yang diperlukan	which are needed
telah berpindah	have shifted
sedalam	to the depth of

kepunyaan polis belonging to the police
askar army, soldier
untuk membantu to help

Fesyen Pakaian

A : *Fesyen dewasa ini nampaknya sudah menjadi satu amalan penting dalam kehidupan manusia sehari-hari.*

B : *Ya, begitulah keadaannya sekarang kerana tanpanya hidup boleh diibaratkan tidak bererti khususnya kepada penggemar fesyen.*

A : *Fesyen benar-benar mempengaruhi masyarakat, ya?*

B : *Memang benar, fesyen pada zaman serba moden ini bukan sahaja diminati oleh kaum wanita, malah lelaki juga. Mereka berlumba-lumba tidak mahu ketinggalan.*

A : *Wanitalah yang lebih terpengaruh dengan fesyen. Biar mahal macam mana pun sesuatu pakaian itu mereka akan cuba mendapatkannya.*

B : *Memang benar. Di kebanyakan bandar pertunjukan fesyen sudah menjadi lumrah. Baru-baru ini pun satu pertunjukan fesyen telah berlangsung.*

A : *Ya, pertunjukan itu sungguh menarik sekali.*

Vocabulary

dewasa ini	lately
sudah menjadi	has become
satu amalan	a practice
dalam kehidupan	in the life
tanpanya	without that
mempengaruhi	influence
kaum wanita	women folk
berlumba-lumba	competing
lumrah	customary
pertunjukan	show
menarik sekali	interesting

67

Menjual Tanah

A : *Ramai juga yang menjual tanah mereka semata-mata untuk mendapatkan keuntungan segera.*
B : *Sungguh benar. Orang-orang yang mata duitan menjual tanah mereka apabila harga tanah naik berikutan dengan pembangunan yang berlaku di tempat masing-masing.*
A : *Tetapi keuntungan yang diperolehi dari jualan tanah-tanah tersebut tidak akan tahan lama kerana akan habis dibelanjakan.*
B : *Benar juga. Sebaliknya mereka akan kecewa dan melihat sahaja akan kesenangan orang-orang yang membeli tanah-tanah tersebut menikmati faedah berlipat ganda.*
A : *Sungguh. Orang yang bijak tidak akan menjual tanah, sebab harganya semakin hari semakin naik.*
B : *Kadangkala orang terpaksa menjualkan tanah kerana kesempitan wang.*
A : *Betul juga.*
B : *Tapi yang jual tanah kerana nak untung patut dibidas.*
A : *Ya, saya setuju.*

Vocabulary

yang menjual	who sell
untuk mendapatkan	for obtaining
keuntungan segera	quick profit
"Mata duitan"	an idiom which means money-minded
apabila harga	when the price
berikutan dengan	following, as a consequence
pembangunan	development

diperolehi dari	obtained from
tidak akan tahan lama	will not last long
menikmati faedah	enjoy the benefit
berlipat ganda	multifold
bijak	wise
Kadangkala	at times
terpaksa	compelled
kesempitan wang	financial difficulty
patut dibidas	should be condemned

68

Industri Binaan

A : *Perkembangan industri binaan amat pesat sejak beberapa tahun ini, ya Encik Abdullah?*
B : *Harga sahaja tinggi, mutu binaan pula tidak dihiraukan sangat.*
A : *Betul. Kerja konkrit tidak sempurna hingga terdapat lubang-lubang yang akhirnya mengakibatkan dinding retak.*
B : *Umumnya para kontraktor disalahkan bila bahan binaan yang kurang baik digunakan untuk binaan.*
A : *Kita patutlah adil. Oleh kerana kekurangan bahan, kontraktor tidak ada pilihan kecuali menerima apa saja yang dibekalkan oleh pembuat.*
B : *Saya rasa harga rumah tak sepadan dengan mutu.*
A : *Saya setuju benar. Para pegawai industri binaan dan pemaju sekarang patut memberikan pertimbangan lebih mendalam terhadap rekabentuk yang menjimatkan.*
B : *Ya, kalau tidak diatur dengan rapi keadaan akan bertambah buruk lagi.*

Vocabulary

Perkembangan	development
amat pesat	very swift
beberapa tahun	several years
mutu	quality
Betul	correct, true
lubang-lubang	holes
dinding	walls
retak	crack
disalahkan	blamed
bahan binaan	building materials

patutlah adil	should be fair
menerima	receive
apa saja	whatsoever
dibekalkan oleh	supplied by
Para pegawai	officers
pemaju	developer
pertimbangan	consideration
menjimatkan	to economise
kalau tidak	if not

6.9

Kesesakan Lalulintas

A : *Ada orang merungut lalulintas di Lebuh Raya Butterworth-Alor Setar telah tergendala beberapa jam pagi tadi.*
B : *Ya, betul. Sebuah trak tentera terlibat dalam satu kemalangan dekat Jambatan Merdeka di Kepala Batas.*
A : *Bagaimana kemalangan itu boleh berlaku?*
B : *Trak tersebut yang datang dari arah Sungai Patani telah terbabas dan merempuh pagar besi sebuah titi dekat Bumbung Lima.*
A : *Sebenarnya pembawa trak itu cuba mengelak dari bertembung dengan sebuah motorsikal.*
B : *Ada sesiapa yang cedera?*
A : *Tidak seorang pun dilaporkan cedera.*
B : *Jadi mengapa pula ramai orang merungut?*
A : *Akibat dari kemalangan tersebut lebih dua ratus buah kenderaan terkandas dan terpaksa berbaris lebih sebatu di sepanjang jalan tersebut. Trak yang terbabas itu terpaksa ditarik dengan kren dan menunggu kedatangan kren pula memakan masa.*

Vocabulary

merungut	grumble
beberapa jam	several hours
tentera	army
kemalangan	accident
dekat	near
yang datang	which came
dari arah	from the direction
pagar besi	iron fence
cuba mengelak	tried to avoid

cedera	hurt
tidak seorang pun	no one
kenderaan	vehicle
sepanjang jalan	along the road
menunggu kedatangan	waiting for the arrival
untuk mengangkat	for carrying

70

Kaum Kanaq

A : *Kaum Kanaq merupakan satu kaum Orang Asli yang sangat unik di Malaysia.*
B : *Sungguhkah?*
A : *Ya. Mereka yang sekarang tinggal di kampung Sungai Selanggar, di Kota Tinggi, Johor, tidak mahu menerima perubahan serta kemudahan yang disediakan oleh kerajaan. Mereka lebih suka mengamalkan kehidupan cara tradisional yang turun-temurun itu.*
B : *Sungguhkah?*
A : *Ya. Mereka juga tidak mahu pergi ke klinik atau ke hospital jika sakit dan tidak mahu makan ubat-ubat yang diberikan kepada mereka.*
B : *Apakah ubat mereka?*
A : *Mereka cuma makan akar-akar kayu yang boleh didapati dari hutan ataupun dibekalkan oleh Tok Batin mereka.*
B : *Sungguh aneh! Bagaimana pula upacara perkahwinan mereka?*
A : *Upacara perkahwinan masyarakatnya amat mudah dan ringkas. Upacara dijalankan dengan memasak pulut dan bubur kacang dan kemudian dimakan beramai-ramai oleh kaum keluarga termasuk kedua mempelai.*
B : *Apakah mata pencarian utama mereka?*
A : *Mata pencarian mereka ialah dengan mencari rotan.*

Vocabulary

merupakan	appears to be
yang sangat	who are very
Mereka yang	who are
tidak mahu	do not want

yang disediakan	which are provided
kemudahan	facilities
oleh kerajaan	by the government
ubat mereka	their medicine
akar-akar	roots
dibekalkan oleh	provided by
mudah dan ringkas	simple and short
beramai-ramai	collectively
kedua mempelai	both the bride and the groom
mata pencarian	means of livelihood

71

Kesan Merokok

A : *Saya hairan mengapa ramai murid dah mula merokok sekarang.*

B : *Pihak sekolah sedang mengambil langkah-langkah tegas.*

A : *Baguslah. Kawalan merokok di kalangan penuntut-penuntut sekolah mesti dianggap sebagai satu perkara penting, memandangkan berbagai kesan boleh timbul jika penglibatan sedemikian dibiarkan..*

B : *Perkara ini boleh memudahkan kaum belia kita terperangkap dengan dadah.*

A : *Macam mana tu?*

B : *Kerana dari merokok, mereka akan mencuba dadah pula.*

A : *Bagaimana boleh kita atasi masalah ini?*

B : *Ibu bapa hendaklah sama-sama bertanggungjawab mengawasi gerak-geri anak-anak mereka sama ada di rumah atau di luar. Jangan biarkan mereka merayau pada waktu malam dan duduk berkumpul di perhentian bas.*

A : *Rokok boleh merosotkan prestasi pelajar-pelajar.*

B : *Ya, satu kajian membuktikan lima puluh peratus daripada belia-belia yang merokok disebabkan pengaruh kawan-kawan, dua puluh sembilan peratus kerana keseronokan, sebelas peratus ingin mencuba, enam peratus tekanan emosi dan empat peratus sengaja mahu menghisapnya.*

A : *Begitukah?*

Vocabulary

mengapa	why, what for
langkah-langkah tegas	positive steps
mesti dianggap	must be regarded

perkara penting	important matter
berbagai kesan	various effects
boleh timbul	can give rise
penglibatan	involvement
terperangkap	caught
Macam mana tu?	how come?
Ibu bapa hendaklah	parents should
biarkan mereka	allow them
membuktikan	proves
ingin mencuba	wish to try
tekanan emosi	emotional strain
prestasi	performance

72

Membeli-belah

A : *Selamat pagi, Cik.*
B : *Selamat pagi.*
A : *Jemput masuk. Lihatlah kain-kain baju, Cik. Nak yang mana?*
B : *Cuba tengok kain tu.*
A : *Kain yang hijau muda tu?*
B : *Ya, berapa harganya semeter kain ni?*
A : *Murah saja — tiga ringgit dua puluh sen semeter.*
B : *Tak boleh kurang?*
A : *Itu sudah patut harganya, Cik.*
B : *Kuranglah sedikit.*
A : *Berapa meter Cik hendak?*
B : *Lima meter.*
A : *Baiklah. Saya kurangkan dua puluh sen. Saya kira harganya tiga ringgit saja. Boleh?*
B : *Tak boleh kurang lagi?*
A : *Tak dapat Cik. Itu sudah cukup kurang.*
B : *Baiklah, potong lima meter.*
A : *Baik. Lagi Cik nak apa?*
B : *Saya nak menengok-nengok kasut ni.*
A : *Boleh, boleh. Tengoklah. Kasut ni potongan baru Cik.*
B : *Kasut yang hitam tu cantik.*
A : *Ya. Yang ini?*
B : *Ya, yang itulah.*
A : *Tiga puluh dua ringgit lima puluh sen.*
B : *Wah! Boleh tahan juga harganya!*
A : *Tengok baranglah Cik. Ini barang baik.*
B : *Kuranglah sedikit.*
A : *Cik ni selalu nak kurang saja.*
B : *Tentulah. Orang membeli nak murah, orang menjual nak mahal.*
A : *Baiklah, saya kurangkan lima puluh sen lagi.*

B : *Kira cukup tiga puluh ringgit, sudahlah.*
A : *Baiklah.*

Vocabulary

Lihatlah	do have a look
Murah saja	it is cheap
patut harganya	the price is reasonable
Tak boleh	can't you
Baiklah, potong	alright, cut
yang hitam	the black one
Boleh tahan juga harganya	the price is indeed exhorbitant. A grain of sarcasm can be sensed in the sentence.
selalu nak kurang	always want to bargain.
mahal	dear
Saya kurangkan	I will lessen

73

Menulis Surat

A : *Wah! Sudah pandai menulis surat.*
B : *Kita mesti tahu menulis surat. Lagipun menulis surat ni bukannya susah sangat.*
A : *Anda menulis surat ini dalam bahasa apa?*
B : *Mengapa anda tanya?*
A : *Tak ada apa-apa.*
B : *Anda masih ragu-ragukah tentang kebolehan saya dalam bahasa.*
A : *Ragu-ragu itu tidaklah. Cuma saya saja nak tanya. Sebenarnya saya berasa bangga kebolehan anda dalam bahasa.*
B : *Oh! Kalau begitu terima kasihlah. Surat ni saya tulis dalam bahasa Malaysia. Adakah terdapat apa-apa kesalahan pada ayat-ayat saya itu?*
A : *Tidak. Ayat anda tu elok semuanya. Bolehlah anda hantarkan kepada jurutaip untuk ditaipkan segera.*
B : *Saya sendiri akan menaipnya.*
A : *Baguslah anda boleh menaip.*
B : *Bolehkah anda menaip?*
A : *Tidak.*

Vocabulary

Wah!	this is an explanation of surprise, joy, excitement and happiness
Sudah pandai	you are indeed clever
Kita mesti tahu	we should know
Lagipun	moreover, furthermore
bukannya susah sangat	it is not very difficult
dalam bahasa apa	in what language

Anda masih ragu-ragukah	are you still doubtful
tentang kebolehan saya	regarding my ability
tidaklah	not at all
Saya berasa bangga	I feel proud
Kalau begitu	if that is so
saya tulis dalam	I write in
apa-apa kesalahan	any mistakes
kepada jurutaip	to the typist
segera	immediately
Bolehkah anda	can you

74

Memancing Ikan

A : *Hendak ke mana pagi-pagi hari ini?*
B : *Saya hendak memancing ikan.*
A : *Oh, begitu. Sudah adakah umpannya?*
B : *Sudah. Ini dia umpannya. Bungkusan yang kecil ini umpan cacing dan yang besar ini umpan anak udang.*
A : *Di mana hendak memancing?*
B : *Di sungai itulah! Kalau ada kawan-kawan boleh juga pergi memancing jauh sedikit.*
A : *Banyakkah ikan dalam sungai itu?*
B : *Banyak juga. Ada ikan putih, ikan haruan dan dua tiga macam lagi ikan yang saya tak tahu namanya.*
A : *Tak adakah buaya dalam sungai itu?*
B : *Entahlah. Tapi yang sudah-sudah tu belum ada lagi orang yang terjumpa buaya dalam sungai itu.*

Vocabulary

Pagi-pagi	early in the morning
memancing ikan	to go fishing
Sudah adakah	do you have
umpan	bait
Ini dia umpan	here is the bait
Bungkusan yang kecil ini	this small packet
cacing	worms
anak udang	shrimps
Kalau ada	if there are
dalam sungai itu	in that river
macam	kinds
saya tak tahu namanya	I do not know the name
Tak adakah buaya	aren't there crocodiles
Entahlah	I do not know. It has the meaning as *"Saya tak tahu"*.

75

Kursus Kepimpinan

A : *Banyak kursus diadakan untuk belia dan beliawanis.*

B : *Ya, baru-baru ini seramai seratus orang belia dan beliawanis telah mengikuti kursus kepimpinan dan ekonomi.*

A : *Apakah faedahnya?*

B : *Memang ada. Ini ialah untuk menambahkan pengalaman mereka dalam bidang kepimpinan dan ekonomi bagi melengkapkan diri para belia, beliawanis dalam zaman yang penuh cabaran ini.*

A : *Apakah sifat-sifat penting yang mesti diperolehi oleh seorang pemimpin.*

B : *Untuk jadi pemimpin seorang itu mestilah mempunyai semangat berani dan bertanggungjawab dalam semua perkara.*

A : *Ah, begitu. Apa faedah isteri mengikuti kursus itu?*

B : *Memang ada faedahnya. Seorang isteri boleh menolong membina rumahtangga yang sempurna dengan adanya sifat-sifat kepimpinan ini pada dirinya. Banyak faedah telah diperolehi daripada kursus ini, terutamanya di bidang ekonomi rumahtangga.*

A : *Ya, saya pun sedar bahawa untuk menjadi seorang pemimpin, orang itu perlulah mempunyai sifat-sifat jujur, bertanggungjawab dan boleh menyesuaikan diri di dalam sebarang keadaan.*

B : *Ya, kursus ini juga menolong belia dan beliawanis untuk memajukan persatuan di samping meninggikan lagi taraf pendapatan mereka.*

Vocabulary

Banyak kursus	many courses
belia	lad
beliawanis	lass

baru-baru ini	recently
kepimpinan	leadership
menambahkan	to increase
bagi melengkapkan	in equipping
penuh cabaran	challenging
pemimpin	leader
dalam semua perkara	in all matters
sifat-sifat	character
boleh menyesuaikan	can adopt
persatuan	association
pendapatan mereka	their income

76

Berjimat-cermat

A : *Nampaknya kita perlu hadkan belian untuk jimat belanja.*
B : *Ya, memang betul. Berbelanja tidak tentu arah akan merugikan kita semua, apa lagi harga kebanyakan barang keperluan semakin tinggi jadinya.*
A : *Ya, kita patut mengawal setiap perbelanjaan kita agar tidak membazir.*
B : *Kita perlulah rancangkan dengan bijaksana untuk menentukan harga barang-barang yang perlu saja dibeli.*
A : *Memang benar. Perlulah kita semua berjimat, setiap kali tibanya hujung bulan, ialah bukan untuk menghabiskan wang gaji dengan membeli tidak tentu arah sahaja.*
B : *Ya, di samping itu kita perlulah membelinya dari gudang-gudang atau tempat-tempat jualan yang benar-benar terjamin akan kesempurnaan barang-barang itu.*
A : *Salahkah kalau kita membeli benda-benda yang tinggi harganya.*
B : *Tidak semestinya. Kata orang alah membeli menang memakai.*

Vocabulary

kita perlu hadkan	we should limit
memang betul	true indeed
kita semua	all of us
patut mengawal	should control
tidak membazir	not wasted
setiap perbelanjaan	every expenditure
rancangkan	plan

dengan bijaksana	wisely
berjimat	economise
dengan membeli	by purchasing
yang benar-benar	which are really
Tidak semestinya	not necessarily
"Alah membeli menang memakai"	a proverb which means we should be prepared to pay more for a worthwhile article

77

Masalah Petani

A : *Benarkah petani-petani masih mengeluh?*
B : *Benar, sebab upah mahal, barang-barang naik, tapi harga padi rendah.*
A : *Nampaknya bersawah masa ini penuh dengan masalah?*
B : *Benar juga.*
A : *Apa sebabnya? Kerajaan murah hati serta bertanggungjawab; memberikan subsidi yang cukup pula?*
B : *Ada juga lain-lain faktor. Kenaikan harga barang-barang, keluasan tanah sawah yang dikerjakan semakin sempit, ancaman penyakit dan sebagainya.*
A : *Apakah langkah yang patut diambil?*
B : *Meskipun kerajaan menolak sebarang syor untuk menaikkan harga padi, tetapi usaha mesti juga diambil untuk mengurangkan kos pengeluaran di samping mengatasi masalah teknik yang dihadapi oleh petani.*
A : *Subsidi lumayan sahaja tak cukupkah?*
B : *Subsidi sahaja bukanlah segala-galanya, umpamanya subsidi baja, tidak memadai andainya lain-lain masalah seperti masalah bekalan air, kesukaran mendapat jentera pembajak serta penindasan orang tengah tidak dapat diatasi.*
A : *Memang betul juga.*

Vocabulary

petani-petani	farmers
upah mahal	high wages
harga padi	the price of padi
rendah	low
penuh dengan masalah	full of problems
Benar juga	it is also true

cukup	enough, sufficient
ancaman penyakit	the threat of disease
Meskipun kerajaan	although the government
mengatasi masalah	overcome the problems
dihadapi oleh	faced by
lain-lain masalah	other problems
tidak dapat	cannot be

78

Hari Raya Aidiladha

A : *Ramai menyambut Hari Raya Aidiladha dengan penuh kesyukuran tahun ini.*

B : *Ramai juga mengadakan rumah terbuka untuk kaum keluarga dan sahabat-handai.*

A : *Seorang pembesar di Pulau Pinang telah mengadakan upacara korban dengan menyembelih enam ekor kambing sempena menyambut hari yang mulia ini. Daging-daging korban tersebut telah dibahagikan kepada seramai lapan puluh orang fakir miskin yang dijemput khas.*

B : *Ya, amalan itu diadakan oleh Timbalan Perdana Menteri di Kubang Pasu.*

A : *Di ibu negeri pun, sempena Hari Raya Aidiladha, empat ekor lembu dan seekor kambing telah disembelih untuk dibahagi-bahagikan kepada fakir miskin. Tiap-tiap orang fakir miskin menerima dua kilo daging. Pembahagian daging itu dijalankan oleh sebuah jawatankuasa khas yang dibentuk.*

Vocabulary

Ramai menyambut	many celebrated
Ramai juga	many too
rumah terbuka	open house
kaum keluarga	relatives
sahabat-handai	friends
korban	sacrifice
dibahagikan kepada	distributed to
fakir miskin	the poor, religious mendicants
diadakan juga	also held
sempena	in commemoration

telah disembelih	was slaughtered
tiap-tiap orang	each person
Pembahagian	distribution
dijalankan	carried out
jawatankuasa	committee

79

Pencemaran Air

A : *Masalah pencemaran sukar hendak dikawal.*

B : *Memang sukar. Lebih seribu orang penduduk di beberapa buah kampung di sepanjang Sungai Tawar, Kuala Ketil, Kedah menghadapi masalah pencemaran air sungai tersebut yang dialami sejak lapan tahun lalu.*

A : *Bagaimana boleh terjadi demikian?*

B : *Pencemaran itu adalah akibat pembuangan air getah yang becampur dengan bahan-bahan kimia getah ke dalam sungai tersebut.*

A : *Keadaan ini akan menyulitkan penduduk sekitar itu.*

B : *Ya, mereka tidak lagi boleh menggunakan air sungai untuk keperluan harian juga untuk mengairi sawah mereka bahkan menangkap ikan di sungai itu.*

A : *Kasihan!*

B : *Dan lagi, setelah mereka menggunakan air sungai itu untuk mandi-manda, mereka sering diserang penyakit gatal-gatal badan. Ikan-ikan di dalam sungai semuanya mati dan pengairan sawah mereka tidak mendatangkan hasil yang baik akibat bahan kimia yang terkandung dalam air sungai itu.*

Vocabulary

pencemaran	pollution
sukar hendak dikawal	difficult to control
sepanjang	along
menghadapi	face
masalah	problem
sejak	since (of time)
akibat	result of
kimia	chemical

getah	rubber
sekitar	around
menggunakan	use
keperluan	need
mengairi	to irrigate
mandi-manda	bathe
gatal-gatal	very itchy
pengairan	irrigation
hasil yang baik	good result
bahan kimia	chemical matters

80

Inflasi

A : *Harga setiap benda sudah melambung tinggi. Besar periuk besar keraknya.*
B : *Inilah akibat inflasi. Hadkan belian, jimatkan belanja.*
A : *Ya, kita sepatutnya beli barang-barang yang benar-benar diperlukan.*
B : *Sebenarnya ramai di antara kita hari ini yang tertipu dengan jualan-jualan terbaru yang mana belum tentu lagi boleh mendatangkan faedah.*
A : *Benar juga, hanya setengah-setengah saja yang boleh memberikan kepuasan hati para pembeli setelah menggunakannya.*
B : *Kita patutlah berhati-hati sebelum membeli sesuatu benda.*
A : *Ya, saya bersetuju. Biarlah setiap belian yang diperolehi itu bermutu tinggi dan dijamin tahan lama.*
B : *Kita mesti mementingkan benda yang kita beli itu. Biarpun mahal tetapi memuaskan.*

Vocabulary

Harga	price
Setiap benda	every article
"Besar periuk besar kerak"	a proverb which means the more you earn the more you spend.
Hadkan	to limit
yang benar-benar	that really
diperlukan	needed
tertipu	cheated
boleh memberikan	can provide
kepuasan	satisfaction
Kita patutlah	we should

berhati-hati	cautious
bersetuju	agree
setiap belian	every purchase
bermutu tinggi	of high quality
"Alah membeli menang memakai"	a proverb which literally means that you lost in the purchase but won in the usage. Please refer to Conversation 86.

Memilih Nama Anak

A : *Nampaknya ibu bapa zaman ini tidak berhati-hati memilih nama anak!*

B : *Ya, hingga beberapa orang pemimpin telah pun menegur sikap setengah-setengah ibu bapa menamakan anak-anak mereka dengan nama yang terlalu moden sehingga hilang unsur-unsur ketimuran.*

A : *Kegemaran membubuh nama anak dengan nama yang terlalu indah, sehingga hilang unsur-unsur Islam, saya percaya berpunca dari pengaruh barat.*

B : *Ibu bapa juga berhak memilih nama, bukan?*

A : *Benar ibu bapa mempunyai hak untuk menamakan anak-anak mereka dengan nama yang disukai tetapi keperibadian ketimuran tidak patut dilupakan.*

B : *Ya, zaman dahulu, bila berlaku kelahiran, ibu bapa sibuk mencari alim ulama untuk menamakan bayi mereka. Tetapi sekarang nama-nama anak mereka diambil dari majalah, buku ataupun dari cantuman nama kedua ibu bapa itu sendiri.*

Vocabulary

tidak berhati-hati	not careful
memilih	to choose
menegur sikap	to comment on the attitude
terlalu indah	very beautiful
berpunca dari	the root cause is
berhak, bukan	they have the right, don't they
hak	right
yang disukai	which they like
tidak patut dilupakan	should not be forgotten

sibuk mencari   busy searching
menamakan bayi   to name the infant
diambil dari majalah   taken from magazines

82

Abad Kelima Belas Hijrah

A : *Kita kini sudah berada dalam abad kelima belas Hijrah.*
B : *Sesungguhnya abad kelima belas Hijrah membawa berbagai pengertian kepada umat Islam di seluruh dunia.*
A : *Apakah hakikat yang penting?*
B : *Hakikat yang tidak dapat dinafikan bahawa umat Islam di seluruh dunia menempuh berbagai dilema dalam abad empat belas yang lalu di mana perpaduan umat dikatakan telah diancam oleh fahaman yang sempit sehingga melupakan kepentingan perpaduan umat sejagat.*
A : *Betul pendapat anda!*
B : *Kejadian-kejadian di Timur Tengah menjadi bukti sejarah dan sebab merosotnya maruah umat Islam di negara lain juga.*
A : *Bagaimana pula di tanahair kita?*
B : *Bagi umat Islam di Malaysia pula tidak kurang juga menghadapi cabaran-cabaran yang akan menentukan lagi perpaduan umat di negara ini.*
A : *Ya, sesungguhnya peristiwa lalu merupakan salah satu daripada cabaran-cabaran. Segala langkah tegas perlu diambil untuk mengekalkan perpaduan umat dalam abad kelima belas Hijrah ini.*

Vocabulary

berbagai pengertian	various meanings
di seluruh dunia	throughout the world
menempuh berbagai	face various
melupakan kepentingan	forgetting the importance
bukti sejarah	historical proof or evidence

cabaran-cabaran	challenges
Segala langkah	all steps
untuk mengekalkan	to preserve
tanahair	native land
perpaduan umat	national unity
peristiwa	incident
langkah tegas	positive steps
perlu diambil	has to be taken
dalam abad	in the century

Kegelisahan Petani

A : *Nampaknya ada juga petani-petani yang gelisah?*
B : *Ya, ramai yang kebimbangan, takut padi mereka rosak diserang oleh tikus dan burung.*
A : *Bagaimana pula? Tidak semua sawah diancam tikus dan burung.*
B : *Sawah yang ditanam lebih awal masak dulu sedangkan sawah yang diusahakan kemudiannya masih lagi hijau dan belum dapat dituai. Ini menyebabkan burung dan tikus bertumpu ke petak sawah itu sahaja.*
A : *Musim tengkujuh ini pun boleh membawa kesan buruk, kan?*
B : *Ya, memang benar. Hujan yang boleh dikatakan turun setiap hari menyebabkan petak-petak sawah ditakungi air dan jika keadaan ini tidak berubah hingga musim menuai, petani-petani pasti mengalami kerugian besar.*
A : *Kasihan!*
B : *Apa boleh buat. Mereka menghadapi seribu satu masalah. Jalan-jalan yang menjadi tempat jemuran, basah akibat hujan dan petani-petani malang itu menghadapi ketiadaan tempat yang cukup untuk menjemur.*

Vocabulary

ada juga petani-petani	there are also farmers
gelisah	worried and apprehensive
dalam kebimbangan	in anxiety
diserang oleh	attacked by
tikus dan burung	rats and birds
lebih awal	earlier

sedangkan	while
kemudiannya	later
belum dapat dituai	cannot be harvested
Musim tengkujuh	rainy season
boleh dikatakan	can be said
petak-petak	plots
kerugian besar	heavy loss
Mereka menghadapi	they face
seribu satu masalah	numerous problems
basah akibat hujan	wet as the result of rain
petani-petani malang	unfortunate farmers

84

Sumbangan Sektor Pertanian

A : *Sumbangan sektor pertanian patut dipuji ya, Encik Abdullah?*
B : *Ya, saya bersetuju. Sektor pertanian sekarang ini menyumbang 22 peratus dari jumlah keluaran negara dan menampung 40 peratus tenaga buruh kita.*
A : *Jika sektor pertanian maju, bidang pemasaran, pengangkutan dan perusahaan mengeluarkan jentera pertanian juga akan turut berkembang.*
B : *Sektor pertanian tidak boleh diabaikan.*
A : *Ya, kalau tidak sebahagian besar dari hasil negara terpaksa dibelanjakan untuk membeli makanan rakyat negara ini.*
B : *Ya, rakyat, terutama golongan belia hendaklah mengubah sikap dan pandangan mereka terhadap pertanian dan hendaklah menganggap sektor tersebut bukan lagi sebagai pekerjaan warisan tradisi, tetapi bidang yang mempunyai potensi yang besar jika diusahakan secara perdagangan.*

Vocabulary

Sumbangan	contribution
pertanian	agriculture
dari jumlah	from the total
pengangkutan	transport
mengeluarkan jentera	produce machinery
tidak boleh diabaikan	cannot be neglected
sebahagian besar	a great part
dibelanjakan	is spent
belia hendaklah	the youths should
pandangan mereka	their views
menganggap	regard

Jika diusahakan if it is endeavoured
secara perdagangan commercially

85

Bencana Alam

A : *Bencana alam sering berlaku sekarang ya, Pak Abdullah?*

B : *Ya, gempa bumi yang berlaku di Italy baru-baru ini telah menyebabkan lebih 10,000 nyawa terkorban. Banyak pula bangunan yang musnah sama sekali.*

A : *Di negara kita banjir yang menjadi ancaman besar. Apa sebabnya?*

B : *Banjir itu disebabkan hujan lebat yang turun tak berhenti-henti selama beberapa hari. Negeri-negeri yang menderita akibat banjir itu ialah Kelantan, Terengganu, Perak, Kedah dan Johor. Sungai-sungai dipenuhi air sehingga melimpah-limpah. Rumah di kiri kanan sungai itu roboh dihanyutkan air. Pokok-pokok habis tumbang dan binasa. Ramai orang mati dan menderita. Jalan-jalan raya tak dapat dilalui. Perhubungan putus dan susah mendapat makanan.*

A : *Mengapa kerajaan tidak mengambil tindakan yang sewajarnya?*

B : *Kerajaan memang sedar akan tanggungjawabnya. Kerajaan dan orang ramai semuanya memberi bantuan menghantar pasukan penyelamat seperti ahli Persatuan Bulan Sabit Merah, ahli-ahli badan kebajikan masyarakat, polis dan tentera. Mangsa banjir itu diberi makanan, tempat tinggal sementara, pakaian dan lain-lain barang yang perlu.*

A : *Bagaimana pula banjir tahun ini?*

B : *Banjir tahun ini tidaklah begitu dahsyat seperti banjir tahun 1926, 1949 dan 1971.*

Vocabulary

sering berlaku	frequently occurs
gempa bumi	earthquake

baru-baru ini	recently
musnah sama sekali	destroyed completely
ancaman besar	great threat
hujan lebat	heavy rain
selama beberapa hari	for several days
sehingga melimpah-limpah	until it overflowed
Perhubungan putus	communication is cut off
susah mendapat	difficult to get
yang sewajarnya	appropriate
memberi bantuan	give aid
badan kebajikan	welfare bodies
tidaklah begitu dahsyat	not very serious

86

Lawatan Menteri ke Kampung

A : *Pernahkah Pak Ali melihat seorang menteri melawat kampung?*

B : *Pernah sewaktu saya balik kampung kerana menghabiskan cuti saya.*

A : *Bagaimana lawatan menteri itu?*

B : *Menteri itu datang ke kampung saya kerana merasmikan pembukaan jambatan yang baru siap dibina oleh kerajaan. Pada hari itu ramai penduduk kampung keluar memberikan sambutan yang meriah. Kedai-kedai dan bangunan-bangunan memasang sepanduk-sepanduk "Selamat datang Menteri". Jabatan Penerangan, Radio dan Televisyen merakamkan ucapan-ucapan dan mengambil gambar-gambar upacara pembukaan jambatan itu.*

A : *Adakah polis-polis khas di situ?*

B : *Ya. Beberapa orang polis ada bersama-sama dalam upacara itu. Polis itu menjalankan tugas masing-masing. Jamuan teh pun diadakan.*

Vocabulary

Pernahkah	have you
cuti saya	my leave
jambatan yang baru	new bridge
siap dibina	has been constructed
sambutan yang meriah	grand reception
sepanduk-sepanduk	banners
merakamkan	recorded
upacara pembukaan	opening ceremony
Jamuan	party
menjalankan	perform, execute
tugas	duty
masing-masing	each

87

Candi Borobudur

A : *Pelancong-pelancong suka melawat Candi Borobudur di Indonesia.*
B : *Ya, saya pun telah melawatnya dua kali. Candi Hindu-Jawa yang dibina dalam abad kesembilan semasa pemerintahan Dinasti Sailendra sungguh masyhur. Ia juga dikenali sebagai tempat pelancongan antarabangsa.*
A : *Masih tegapkah Candi Borobudur itu?*
B : *Ya, kerana kerajaan Indonesia mengambil segala langkah untuk memeliharanya. Kerja pemeliharaan Candi itu sedang diuruskan oleh pakar-pakar senibina dan baru-baru ini UNESCO juga menghulurkan bantuan sepuluh juta ringgit.*
A : *Sikap UNESCO patut dipuji ya!*
B : *Memang. Berjuta-juta pelancong telah melawat Candi tersebut dan ramai akan terus dapat melawatnya.*
A : *Sekarang Candi ini menjadi warisan nasional Indonesiakah?*
B : *Ya, mujurlah Sir Thomas Raffles menjumpainya dalam tahun 1814 dan kerja pemeliharaan yang terbesar dijalankan oleh seorang jurutera Belanda Theodar Van Erp di antara tahun 1907 dan 1911.*

Vocabulary

suka melawat	like to visit
saya pun	I also
yang dibina	which was built
dalam abad	in the century
sungguh masyhur	very famous
juga dikenali	is also known
segala langkah	all steps

pakar-pakar	experts
patut dipuji	should be praised
mujurlah	fortunately
seorang jurutera	an engineer
di antara tahun	during the years

Bunga Telur

A : *Pak Ali, benarkah bunga telur satu benda yang mesti diadakan di dalam majlis perkahwinan?*
B : *Ya. Bunga telur telah menjadi suatu adat turun-menurun dari zaman nenek moyang kita. Ia tidak mungkin dapat dipisahkan lagi daripada masyarakat Melayu.*
A : *Memang ada keistimewaannya. Adat dan kebudayaan tidak mungkin dapat dilupakan begitu sahaja. Biar betapa miskin pun keluarga si pengantin, bunga telur tetap akan disediakan. Bunga telur mempunyai erti yang besar kepada orang Melayu. Saya percaya Pak Ali tahu selok-belok adat resam kita. Apakah unsur sebenarnya bunga telur?*
B : *Bunga kembang yang melekat di atas telur menunjukkan bagaimana gembira dan besarnya hati tuan rumah di atas kesudian tetamu datang ke majlis perkahwinan anaknya. Sekepal nasi kunyit yang terdapat di batang bunga telur ialah sebagai tanda minta maaf tuan rumah kepada tetamu jika terdapat layanan-layanan yang tidak memuaskan sewaktu persandingan diadakan. Pada keseluruhannya bunga telur melambangkan keriangan, kesejahteraan, kebahagiaan, restu dan keharmonian.*

Vocabulary

yang mesti	should be
majlis perkahwinan	wedding ceremony
telah menjadi adat	has become a custom
tidak mungkin	not probably
dapat dipisahkan	can be divorced
daripada masyarakat	from the society

kebudayaan	culture
kepada orang Melayu	to the Malays
yang melekat di atas	which is pasted on the top
menunjukkan bagaimana	shows how
tuan rumah	host
tetamu	guest
sebagai tanda	as a sign
Pada keseluruhannya	on the whole
melambangkan	symbolizes

89

Burung Layang-Layang

A : *Burung layang-layang merupakan burung yang paling pantas ya, Pak Ali?*

B : *Ya. Burung layang-layang yang berekor tajam di Amerika Syarikat pernah terbang hingga selaju 170 kilometer sejam.*

A : *Burung layang-layang walaupun kecil tetapi cergas. Ia mempunyai kepak yang panjang serta tajam dan otot-otot di kepaknya membolehkannya terbang dengan laju dan lama.*

B : *Anda ini pandai dalam hal-hal burung. Sudah gaharu cendana pula, sudah tahu bertanya pula.*

A : *Tidak Pak Ali! Dulu saya minat membaca buku-buku mengenai burung. Tetapi sekarang saya asyik membaca buku-buku sejarah dan ekonomi sahaja. Lain hulu lain parang. Lain dahulu lain sekarang.*

B : *Anda pun pandai berpantun pula. Saya sungguh kagum.*

A : *Apakah makanan burung layang-layang ini?*

B : *Makanan burung layang-layang ialah serangga yang ditangkapnya ketika terbang.*

A : *Rajin benar burung layang-layang ini?*

B : *Ya. Kebanyakan burung layang-layang jarang turun ke darat kecuali untuk membiak. Ia membuat sarang di lereng-lereng bukit dan di bumbung gua. Kira-kira dua juta sarang burung layang-layang terdapat di Gua Niah di Sarawak.*

Vocabulary

burung yang paling pantas	the fastest bird
berekor tajam	having a sharp tail
kecil tetapi cergas	small but active
kepak yang panjang	long wing

otot-otot	muscles
membolehkannya	enables it
dalam hal-hal burung	about birds
Dulu saya minat	before I was interested
asyik membaca	like to read
sejarah	history
pandai berpantun	good at pantuns
serangga	insects
kecuali untuk	except for
membiak	to breed
di bumbung	on the roof

90

Indonesia

A : *Pak Ali pernahkah melawat Indonesia dan Filipina?*
B : *Pernah. Kedua-dua negara ASEAN itu diperintah oleh Presiden. Indonesia diperintah oleh Presiden Suharto sementara Filipina oleh Presiden Marcos.*
A : *Cara hidup kedua-dua buah negara ini seakan-akan cara hidup negara kita.*
B : *Lebih kurang begitulah, kebudayaan mereka seakan-akan sama.*
A : *Indonesia merupakan negara yang terbesar sekali di Asia Tenggara.*
B : *Ya, memang betul. Indonesia terdiri daripada 3,000 buah pulau dan Jawa merupakan pulau yang terpenting sekali.*
A : *Begitu banyak bilangan pulau?*
B : *Ya. Tapi di Indonesia terdapat juga banyak gunung berapi.*
A : *Ramai orang berkata tebu Indonesia sangat manis?*
B : *Ya. Tebu ialah tanaman ladang yang penting. Ia ditanam di tanah pamah di bahagian timur dan tengah Pulau Jawa. Selain dari itu tebu dan jagung juga ditanam sebagai tanaman tutup bumi.*
A : *Jagung Indonesia pun masyhur juga, ya?*
B : *Memang benar.*

Vocabulary

pernah melawat	have visited
Kedua-dua negara	both countries
diperintah oleh	ruled by
Cara hidup	mode of life
seakan-akan	like, more or less
yang terbesar sekali	the largest

Asia Tenggara	South-East Asia
terdiri daripada	consist of
pulau	island
tebu	sugar-cane
sangat manis	very sweet
penting	important
Selain daripada itu	besides that
jagung juga	maize also
ditanam sebagai	planted as
masyhur juga	also famous

91

Penjagaan Kulit

A : *Saya hairan mengapa ramai yang cuai menjaga kulit?*
B : *Kulit mencerminkan peribadi. Kulit memainkan peranan yang penting terhadap tubuh badan manusia. Orang yang selalu membersihkan dirinya akan mempunyai kulit yang bersih dan tidak berminyak.*
A : *Bahayakah kalau tidak menjaga kulit?*
B : *Memang bahaya. Orang yang tidak mengambil berat dan cuai menjaga kulit, akan mendapat penyakit kulit seperti panau dan kurap.*
A : *Orang yang bersih pun kadangkala menghidapi penyakit kulit. Apakah sebabnya?*
B : *Kulit yang kering dan berdebu adalah disebabkan oleh kekurangan air di dalam tubuh badan.*
A : *Selain daripada banyak meminum air, apakah tindakan lain yang perlu diambil?*
B : *Selain daripada itu perlu juga makan banyak buah-buahan dan sayur-sayuran yang mengandungi vitamin C seperti betik, pisang, nanas dan lain-lain lagi.*
A : *Oh begitu! Buah-buahan tempatan pun mengandungi vitamin C.*
B : *Memang. Kebanyakan buah-buahan tempatan mengandungi vitamin C.*

Vocabulary

Saya hairan	I am surprised
cuai	careless
kulit	skin
tubuh badan manusia	human body
selalu	always
tidak berminyak	not oily

Bahayakah	is it dangerous
penyakit kulit	skin disease
kering	dry
berdebu	dusty
kekurangan air	lack of water
banyak meminum air	drink a lot of water
apakah tindakan	what steps
banyak buah-buahan	many fruits
sayur-sayuran	vegetables
mengandungi	contains

92

Serikandi

A : *Kalau dulu badan-badan sukarela yang beruniform hanya dimonopoli oleh kaum lelaki sahaja, kini bidang tersebut sudah mula diterokai oleh kaum wanita.*

B : *Ya. Ini adalah kerana ramai di antara mereka telah sedar, badan-badan seperti itu banyak memberikan faedah kepada diri sendiri dan juga masyarakat. Lagipun pada zaman yang serba maju ini keupayaan kaum wanita adalah setanding dengan kaum lelaki di dalam segenap bidang.*

A : *Badan apa pula yang menarik minat gadis remaja?*

B : *Salah satu lapangan yang mula diceburi oleh para gadis ialah dalam Pasukan Pertahanan Awam.*

A : *Oh begitu.*

B : *Negara kita tidak sahaja melahirkan pahlawan-pahlawan tetapi juga serikandi-serikandi.*

A : *Ya, benar. Tun Fatimah salah seorang daripadanya.*

Vocabulary

badan-badan sukarela	voluntary bodies
kini	at present
kaum wanita	women
kerana ramai	because many
telah sedar	are aware
memberikan faedah	brings about benefits
dalam segenap bidang	in all fields
gadis remaja	lasses
para gadis	lasses
zaman ini	this era
pahlawan-pahlawan	heroes
serikandi-serikandi	heroines

93

Kesihatan

A : *Kesihatan bermula daripada rumahtangga, setujukah Pak Ali?*
B : *Ya, kerana ibu bapalah orang yang lebih bertanggungjawab terhadap kesihatan keluarganya terutama bagi anak-anak yang sedang membesar.*
A : *Tapi, ibulah dipertanggungjawabkan, memandangkan mereka mempunyai banyak masa untuk berdamping rapat dengan anak-anak di rumah, manakala si bapa pula sibuk dengan tugas seharian dan masa untuk mereka mendampingi anak-anak pula terhad.*
B : *Benar juga.*
A : *Anak-anak di dalam peringkat membesar, sepatutnya mendapat perhatian yang wajar daripada ibu bapa khususnya dari segi kesihatan.*
B : *Tapi ramai suami isteri bekerja sekarang?*
A : *Anak-anak tidak mendapat asuhan baik akan tersesat. Ada murid yang ponteng dari sekolah dan terlibat dengan kegiatan menghisap rokok. Kebanyakan murid ini berasal dari keluarga yang senang, tetapi mereka tidak mendapat kasih sayang yang cukup dari kedua ibu bapa, kerana mungkin kedua-duanya sentiasa sibuk dengan urusan masing-masing.*

Vocabulary

kesihatan	health
lebih bertanggungjawab	more responsbile
terutama	particularly
sedang membesar	who are growing
memandangkan	realizing the fact
rapat	closely

terhad	limited
dari segi kesihatan	from the health point of view
asuhan	upbringing
tersesat	misled
ponteng	to play truant
kasih sayang	love and affection
kerana mungkin	because probably
sentiasa sibuk	always busy

94

Glaucoma

A : *Penyakit* Glaucoma *perlu diawasi.*
B : *Ya. Mata penting kepada kita. Jabatan Perkhidmatan Perubatan dan Kesihatan sering menggesa mereka yang menghidap sakit mata supaya mendapatkan rawatan sempurna sebelum terlambat.*
A : *Rawatan segera amat mustahak, kalau seseorang menghidap* glaucoma.
B : *Tentulah.* Glaucoma *adalah sejenis penyakit mata yang berbahaya.*
A : Glaucoma *boleh menyebabkan mata buta jika ia tidak diberi rawatan segera.*
B : *Segala ikhtiar serta usaha perlu diambil untuk menyekat penyakit ini.*
A : *Penyakit ini disebabkan oleh tekanan dalaman gentian saraf mata dan lebih terdedah kepada mereka yang berumur empat puluh tahun ke atas.*
B : *Apakah penyakit mata lain yang bahaya?*
A : *Sejenis lagi sakit mata ialah* conjunctivitis *(sakit selaput mata) yang disebabkan oleh hidupan seperti kuman dalam mata.*
B : *Sakit mata merupakan sebagai ancaman.*
A : *Ya. Kerajaan kita sudah pun menetukan langkah-langkah tegas untuk menentukan mutu rawatan di semua hospital di Semenanjung Malaysia, Sabah dan Sarawak.*
B : *Baguslah. Kita patut berbangga dengan perkhidmatan perubatan di negara kita.*

Vocabulary

penyakit mata	eye disease
penting kepada kita	important to us
menggesa	urge

mendapatkan rawatan	get treatment
sebelum terlambat	before it is too late
rawatan segera	immediate treatment
seseorang	anyone
berbahaya	dangerous
sebagai ancaman	as a threat
tidak diberi	not given
menyekat penyakit ini	check this disease
disebabkan	is caused
tekanan	pressure
mereka yang berumur	who are of the age
kuman	germs
perkhidmatan perubatan	medical services

95

Bukit Fraser

A : *Bukit Fraser di Pahang merupakan bukit peranginan yang sangat popular sekarang.*

B : *Ya. Alam semula jadinya yang indah dengan kuntum-kuntum bunga yang berwarna-warni menarik para pelancong dan pelawat-pelawat tempatan.*

A : *Bukit Fraser masih kekal dengan suasana pada zaman penjajahan. Kebanyakan tempat-tempat penginapan dibina daripada batu granit, batu kelikir dan simen plaster, kelabu.*

B : *Lama-kelamaan keadaan itu pasti akan berubah dan identiti Malaysia pasti akan berakar umbi.*

A : *Baguslah. Air terjun Jeriau kira-kira lima kilometer dari pekan amat disukai oleh pelawat yang berkelah dan berkhemah.*

B : *Air terjun yang melimpah memenuhi sebuah kolam berbatu sesuai untuk dijadikan tempat berenang, menjadi satu tarikan kepada para pelancong.*

A : *Bercuti di bukit peranginan itu adalah satu pengalaman yang tidak boleh dilupakan. Bukit Fraser juga mempunyai sebuah padang golf. Di samping itu, terdapat juga sebuah kompleks sukan yang dikendalikan oleh Kelab Bukit Fraser. Kompleks ini mempunyai gelanggang untuk permainan squash dan tenis, sebuah gimnasium, arked hiburan dan bilik sauna.*

B : *Keistimewaan Bukit Fraser tidak boleh disangkal. Pahang boleh berbangga dengan bukit peranginan itu. Sebuah lagi bukit peranginan di negeri Pahang yang lebih dekat ke Kuala Lumpur ialah Genting Highlands.*

Vocabulary

bukit peranginan	hill resort
kuntum-kuntum bunga	flowers
berwarna-warni	multi-coloured
tempat-tempat penginapan	lodging
lama-kelamaan	eventually
akan berubah	will change
berkelah	to picnic
berkhemah	to camp
sesuai	suitable
tempat berenang	swimming place
pengalaman	experience
untuk permainan	for games
tidak boleh disangkal	cannot be denied
boleh berbangga	be proud of

96

Perkhidmatan Keretapi

A : *Apakah ada sebarang rancangan untuk memodenkan keseluruhan perkhidmatan keretapi di negara kita?*
B : *Memang ada. Baru-baru ini pegawai-pegawai KTM melawat Finland. Kajian mereka mungkin membawa hasil yang berkesan.*
A : *Baguslah. Apakah tinjauan yang telah dibuat?*
B : *Antara aspek-aspek yang diperhatikan itu termasuklah mengenai landasan keretapi, sistem isyarat, bengkel keretapi, gerabak serta landasan-landasan saluran.*
A : *Apakah hasil yang diperolehi?*
B : *Finland telah menunjukkan minat untuk memberikan bantuan yang diperlukan oleh KTM. Finland telah bersetuju untuk menyalurkan pengetahuan mereka dalam lapangan ini.*
A : *Ini satu tanda yang baik.*
B : *Finland juga menunjukkan minat untuk membekalkan kelengkapan yang diperlukan oleh pelaburan-pelaburan dalam negara kita.*
A : *Kedua-dua pihak akan memperolehi faedah hasil dari kerjasama seperti ini.*
B : *Tentu sekali.*

Vocabulary

memodenkan	modernize
perkhidmatan	service
Baru-baru ini	recently
Kajian mereka	their study
tinjauan	observation
termasuklah	including
sistem isyarat	signal sistem

landasan-landasan	rails
bantuan	assistance
pengetahuan mereka	their knowledge
dalam lapangan	in the field
menunjukkan minat	show interest
tanda yang baik	good sign
pelaburan-pelaburan	investments
membekalkan	supply, provide
dalam negara kita	in our country
kerjasama	cooperation

97

Taman Safari

A : *Dengar khabar Taman Safari di Johor amat popular di kalangan pelancong-pelancong tempatan dan luar.*
B : *Ya. Tempat itu sudah menjadi tumpuan pelawat-pelawat bukan sahaja dari penduduk tempatan, malah dari segenap negara yang ingin melihat secara dekat tabii binatang buas dalam keadaan serupa di hutan.*
A : *Di mana letaknya Taman Safari yang indah itu?*
B : *Taman Safari terletak kira-kira enam puluh dua kilometer dari bandar Johor Baharu.*
A : *Apakah keistimewaan Taman Safari itu?*
B : *Taman itu merupakan taman yang pertama di kalangan negara ASEAN dan ketiga di Asia Tenggara selepas Taiwan dan Jepun.*
A : *Bagaimana pula suasana kawasannya?*
B : *Kawasan semula jadi yang berbukit-bukit itu cukup sesuai dengan tabiat semula jadi binatang-binatang seperti harimau, singa, zirafah, keldai, kuda belang, unta, beruang hitam, monyet dan lain-lain yang terdapat di dalam taman itu.*
A : *Tempat-tempat sekitar Taman Safari itu pasti akan maju.*
B : *Ya. Perniagaan di pekan-pekan Simpang Renggam dan Air Hitam maju dengan adanya Taman Safari itu. Taman Safari itu akan dilengkapi dengan taman pesta yang akan membuka peluang pekerjaan kepada penduduk-penduduk tempatan.*

Vocabulary

tempatan	local
sudah menjadi	has already become
malah	in fact
melihat secara dekat	to view closely

tabii	characteristic, mannerism
binatang buas	wild animals
keadaan serupa	similar condition
terletak	situated
yang pertama	the first
Asia Tenggara	Southeast Asia
pasti akan maju	will definitely progress
keldai	ass, donkey
suasana	atmosphere, condition
perniagaan	business
akan dilengkapi	will be equipped

98

Langit Petang

A : *Filem "Langit Petang" mengandungi mesej yang baik.*
B : *Karya sasterawan terkenal A. Samad Said itu telah menjadi sebuah filem yang sungguh mengkagumkan.*
A : *Filem itu menarik minat para penonton sebab mesejnya yang begitu baik.*
B : *Ya. Seorang petani mempertahankan maruah negara, iaitu menjaga tanah pusakanya dari terlepas ke tangan orang yang tidak bertanggungjawab. Walaupun dia disiksa, dihina dan menanggung azab, tetapi dia tetap dengan prinsipnya — menggadai atau menjualkan tanah kepunyaan sendiri, walaupun sejengkal, bererti menggadai dan menjual negara.*
A : *Mesej itu sungguh menarik dan merupakan sebagai satu teladan yang terpuji. Dalam filem ini ditunjukkan bagaimana kecekalan hati Pak Ariff mempertahankan maruahnya.*
B : *Masalah petani dan maruah negara menjadi persoalan dalam filem ini. Banyak adegan yang menimbulkan simpati penonton. Ada juga adegan yang mengerikan.*
A : *Penggambaran filem itu pun boleh dikatakan memuaskan.*
B : *Jurukamera filem itu juga harus dipuji kerana dapat menonjolkan beberapa sudut yang baik. Nampaknya filem Melayu semakin hari semakin maju.*

Vocabulary

mengandungi	contains
sasterawan	expert in literature
terkenal	well-known, famous
sungguh mengkagumkan	very impressive
para penonton	audience
petani	farmer

mempertahankan	defend, uphold
disiksa	tortured
dihina	humiliated
menanggung azab	bear the hardship
menggadai	mortgage, pawn
satu teladan	one example
maruah	dignity
adegan	scene
memuaskan	satisfactory
harus dipuji	should be praised
beberapa sudut	various angles

99

Gerakan Koperasi

A : *Gerakan koperasi telah berkembang di negara kita, tetapi kemajuannya masih belum memuaskan lagi.*

B : *Dengar khabar hanya tiga puluh lima peratus daripada hampir dua ribu koperasi di seluruh negara berjaya kerana mempunyai modal yang besar dan pengurusan yang cekap.*

A : *Bagaimana koperasi-koperasi yang lain?*

B : *Sebanyak empat puluh lima peratus dalam keadaan sederhana dan dapat berjalan dengan memuaskan dan berdaya maju lagi sementara dua puluh peratus lagi dalam keadaan lemah dan tidak memuaskan.*

A : *Berapakah modal keseluruhan koperasi di tanahair kita?*

B : *Kesemua koperasi di tanahair kini telah dapat mengumpul modal lebih dari $600 juta dan memiliki harta bernilai $2,000 juta.*

A : *Barangkali ramai orang bekerja di sektor koperasi.*

B : *Koperasi-koperasi memberikan pekerjaan kepada lebih sebelas ribu orang.*

A : *Berapakah pinjaman yang dikeluarkan oleh koperasi?*

B : *Badan kewangan itu mengeluarkan pinjaman hampir $400 juta setahun.*

A : *Benarkah koperasi maju dalam bidang perdagangan dan perindustrian?*

B : *Belum begitu maju lagi. Hanya terdapat dua puluh enam koperasi di bidang perdagangan dan perindustrian dengan bilangan ahli kira-kira dua ratus orang dan modal terkumpulnya berjumlah $60 juta sementara harta yang diperolehi bernilai $350 juta.*

A : *Apakah projek penglibatannya?*

B : *Penglibatannya meliputi projek hotel, pengeluaran baja dan racun serangga, pengeluaran barang-barang elektrik, kaca dan batik.*

Vocabulary

hampir	nearly
modal	capital
pengurusan	management
perdagangan	trade
diperolehi	obtained
cekap	efficient
sementara	while
lemah	weak
tidak memuaskan	not satisfactory
bernilai	worth
pinjaman	loan
baja	manure, fertiliser
racun serangga	insecticide
kaca	glass

100

Mengumpul Setem

A : *Mengumpul setem satu usaha unik.*

B : *Sebenarnya tidak ramai anggota masyarakat tempatan yang mengetahui mengumpul setem menjadi satu lapangan perniagaan.*

A : *Benar. Hobi mengumpul setem boleh menjadi satu kegemaran setiap lapisan masyarakat tidak kira umur, bangsa atau jantina.*

B : *Ada beribu-ribu peminat setem di seluruh dunia. Segala selok-belok urusan setem perlu dipelajari dengan sabar atau tekun.*

A : *Ya. Bukan semua boleh menceburkan diri dalam bidang ini.*

B : *Apakah yang mendorong orang menceburkan diri dalam lapangan ini?*

A : *Ramai yang menceburkan diri sebab setem yang dikeluarkan meluaskan pemikiran kita sambil menambah pengetahuan kita dalam bidang ilmu alam, sejarah dan dayausaha manusia yang bercita-cita tinggi.*

B : *Saya bersetuju. Kegemaran baik itu boleh memberikan kepuasan.*

A : *Benar. Hobi baik ini boleh memupuk kefahaman tentang negeri-negeri asing.*

B : *Dengar khabar, ramai orang yang mengumpul setem mempunyai sahabat pena di segenap pelosok dunia.*

Vocabulary

Mengumpul setem	stamp collecting
Sebenarnya	in fact
lapangan	field
perniagaan	business, trade
Kegemaran	hobby

di seluruh dunia	throughout the world
sabar	patience
ilmu	knowledge
sejarah	history
boleh memberikan	can give
memupuk	foster
pengetahuan	common knowledge
kefahaman	understanding
di segenap pelosok	in every nook and corner

101

Kerosakan Gigi

A : *Benarkah gula-gula, coklat dan bahan-bahan manis punca kerosakan gigi?*
B : *Ya. Kerosakan gigi bermula apabila sejenis bakteria menjadikan bahan manis asid. Asid ini menyerap masuk menerusi lapik gigi dan membentuk lubang. Dari lubang yang dibentuk oleh bakteria inilah maka gigi akan rosak.*
A : *Oh, begitu. Jadi memakan gula-gula, coklat dan lain-lain barang manis adalah sebab utama berlakunya kerosakan gigi.*
B : *Kegagalan menggosok gigi setelah makan tentu boleh juga mengakibatkan penyakit ini.*
A : *Bagaimana mengelakkan diri dari diserang kerosakan gigi.*
B : *Perlu makan makanan seimbang yang kurang mengandungi gula dan kanji. Kita perlu menggosok gigi selepas setiap kali makan.*
A : *Benarkah ubat gigi boleh menjadikan gigi kita lebih putih?*
B : *Tidak. Kebanyakan gigi manusia itu memang kekuningan sedikit, dan akan menjadi semakin kuning apabila semakin berumur. Menghisap rokok pula boleh meninggalkan kesan kepada warna gigi.*
A : *Bagaimana pula sakit gusi?*
B : *Penyakit gusi biasanya menyerang bahagian yang menyokong gigi kita dan jika tidak dirawat, gigi akan menjadi longgar dan tertanggal.*

Vocabulary

gula-gula	sweets
punca	source
menerusi	through

lapik	layers
lubang	hole
kerosakan gigi	tooth decay
penyakit	disease
diserang	attacked
mengandungi	containing
Kebanyakan	most
kekuningan	yellowish
warna	colour
menyokong	support
dirawat	treated

102

Pilihanraya

A : *Mengapa pilihanraya perlu diadakan?*
B : *Ini adalah prinsip utama yang diamalkan oleh negara demokrasi. Pilihanraya perlu diadakan dari masa ke semasa dan hendaklah dipastikan yang ia bebas daripada dipengaruhi oleh sesuatu golongan tertentu.*
A : *Banyak negara mengamalkan konsep pilihanraya bebas.*
B : *Pilihanraya perlulah mengamalkan konsep kebebasan penuh. Negara kita sebagai negara yang mengamalkan sistem demokrasi, mengakui pentingnya konsep pilihanraya bebas.*
A : *Adakah undang-undang yang mengawal syarat ini?*
B : *Di dalam perlembagaan negara, telah diperuntukkan undang-undang dan syarat bagaimana pilihanraya patut diadakan. Ia bukan sahaja bebas dari penguasaan calon atau parti bertanding, tetapi juga bebas dari dikuasai oleh kerajaan.*
A : *Bagus juga langkah-langkah yang ditetapkan itu ya?*
B : *Ya. Langkah ini bertujuan menjaga maruah dan martabat negara. Setiap warganegara yang dewasa tanpa mengenal batas kaum, agama dan kebudayaan boleh mengundi.*
A : *Syukurlah. Negara kita benar-benar sebuah negara berdemokrasi yang tulen.*

Vocabulary

perlu diadakan	should be held
diamalkan	practised
dari masa ke semasa	from time to time
bebas	free
golongan	group

mengakui	admits
undang-undang	law
syarat	condition, stipulation
perlembagaan	constitution
bukan sahaja	not only
oleh kerajaan	by the government
langkah-langkah	steps
bertujuan	aimed at
tanpa	without
benar-benar	really, truly

103

Dondang Sayang

A : *Dondang Sayang masih popular di Melaka.*
B : *Ya. Dondang Sayang adalah satu daripada kesenian tradisional.*
A : *Bilakah kesenian ini muncul?*
B : *Setakat ini belum lagi dapat dipastikan secara tepat oleh ahli-ahli sejarah dan seni. Tetapi kesenian ini mungkin lahir pada zaman keagungan kesultanan Melayu Melaka, iaitu dalam abad kelima belas.*
A : *Dengar khabar, Dondang Sayang dipersembahkan di istana Sultan ketika sesuatu keramaian atau majlis diadakan.*
B : *Ada yang menyangsikannya kerana biola yang merupakan alat muzik utama di dalam persembahan ini adalah kepunyaan kebudayaan orang-orang barat. Portugis menjajah Melaka hanya mulai tahun 1511.*
A : *Apakah maksud istilah Dondang Sayang?*
B : *Istilah ini sebenarnya berasal dari perkataan "dendang sayang". Perkataan dendang membawa erti nyanyian yang lemak merdu yang menghiburkan hati. Sayang pula membawa erti cinta, kasih dan sayang. Jadi istilah Dondang Sayang membawa erti nyanyian kasih untuk bersuka ria dan menghiburkan hati yang duka lara.*
A : *Oh begitu, tetapi istilah ini juga dikatakan mengambil sempena nama alat-alat muzik utama yang digunakan semasa mendendangkan nyanyian itu, iaitu gong dan gendang.*
B : *Ada yang berpendapat begitu.*

Vocabulary

masih	still
salah satu	one of

Setakat ini	so far
sejarah	history
secara tepat	accurately
kesenian	art
mungkin	probably
pada zaman	during the period
dalam abad	in the century
dipersembahkan	is presented
menyangsikannya	doubt it
utama	main
maksud	meaning
kebudayaan	culture
nyanyian	song
kasih	love
alat-alat	instruments
yang berpendapat	of the opinion

104

Demokrasi

A : *Mengapa pilihanraya selalu dikaitkan dengan demokrasi?*

B : *Demokrasi ialah sistem pemerintahan oleh rakyat dan untuk rakyat melalui proses pilihanraya.*

A : *Bila demokrasi mula berkembang?*

B : *Konsep demokrasi bermula dari Plato yang membicarakan sistem pemerintahan. Ia berkembang sejak lebih dari dua ratus tahun dahulu berdasarkan beberapa kejadian sejarah termasuk Revolusi Amerika tahun 1776, Revolusi Perancis tahun 1789 dan perubahan undang-undang di Britain pada tahun 1832.*

A : *Benarkah banyak negeri mencontohi bentuk demokrasi di Britain?*

B : *Ya. Kebanyakan negara, terutama negara-negara Komenwel meniru cara demokrasi yang diamalkan di Britain. Sistem demokrasi di negara kita pun sedikit sebanyak mempunyai ciri-ciri yang serupa.*

A : *Dasar demokrasi negara kita unik dan berkesan ya?*

B : *Benar. Ia telah diubahsuai sejajar dengan keadaan politik, sosial dan kebudayaan serta kehendak masyarakat yang terdiri daripada berbagai kaum dan berlainan agama. Mana yang difikirkan wajar diambil dan diubahsuai dan yang tidak perlu, dibuang dan digantikan dengan yang lebih baik.*

A : *Baguslah. Pilihanraya membuktikan hak-hak asasi rakyat dipelihara dan dihormati.*

Vocabulary

pilihanraya	election
dikaitkan	is linked
berkembang	developed

berdasarkan	based on
kejadian sejarah	historical events
mencontohi	follow
Kebanyakan negara	most countries
dihormati	respected
meniru	imitate, copy
sedikit sebanyak	more or less
berkesan	effective
diubahsuai	adapt
sejajar dengan	in accordance to
berlainan	different
digantikan	substituted
membuktikan	prove
hak-hak asasi	fundamental rights
dipelihara	safeguarded

105

Rukun Tetangga

A : *Apakah sebenarnya tujuan Rukun Tetangga?*
B : *Rukun Tetangga memupuk perpaduan. Setiap belia yang berumur lapan belas tahun ke atas yang tinggal di sektor rukun tetangga diwajibkan mendaftarkan diri sebagai ahli rukun tetangga. Langkah ini telah diambil untuk memastikan setiap rakyat yang layak menggabungkan diri untuk bersama-sama menjalankan kewajipan demi kepentingan umum.*
A : *Di mana sektor rukun tetangga diadakan?*
B : *Sektor rukun tetangga diadakan terutamanya di kawasan yang sensitif dan yang sering berlaku kejadian jenayah.*
A : *Baguslah. Dengan penyertaan rakyat yang berada di kawasan sektor rukun tetangga, ianya dapat membendung dan mengurangkan kadar kejadian jenayah seperti penagihan dadah, pecah rumah, mencuri, merompak dan sebagainya.*
B : *Ya. Selain dari itu perasaan cintakan tanahair dan tanggungjawab sebagai warganegara akan tertanam di hati setiap rakyat di negara ini.*
A : *Benar. Kesetiaan dan kesanggupan berkorban untuk negara akan teruji dengan keikhlasan mereka berbakti secara sukarela dalam menjalankan tugas-tugas rukun tetangga.*
B : *Kegiatan ahli-ahli rukun tetangga menjalankan rondaan, mengadakan gotong-royong serta berbagai aktiviti sosial menunjukkan contoh ketaatannya sebagai warganegara yang progresif.*

Vocabulary

memupuk	foster
perpaduan	solidarity

yang berumur	of the age
mendaftarkan	register
memastikan	ensure
layak	qualified, suitable
sering	frequently
jenayah	crime
di kawasan	in the area
penagihan	addiction
perasaan	feeling
cintakan	love
tanggungjawab	responsibility
warganegara	citizen
kesetiaan	loyalty
kesanggupan	willingness
secara sukarela	voluntarily
contoh	example

106

Boria

A : *Apakah kesenian Boria itu?*
B : *Boria adalah budaya Tanjung. Ia amat popular di Pulau Pinang dan negeri-negeri sebelah utara Semenanjung.*
A : *Bila Boria dipersembahkan?*
B : *Boria banyak dipertunjukkan pada hari-hari pementasan biasa umpamanya semasa pesta atau menyambut ketibaan tetamu dan pembesar-pembesar.*
A : *Boria berasal dari mana?*
B : *Boria dikatakan berasal dari negeri Parsi. Dari sana Boria telah dibawa ke India dan kemudian ke Pulau Pinang oleh soldadu-soldadu Syarikat India Timur.*
A : *Bila Boria muncul di Pulau Pinang?*
B : *Boria muncul di Pulau Pinang dalam abad yang ke-sembilan belas.*
A : *Bagaimana pula pakaian para peserta Boria?*
B : *Pakaian biasanya berkait dengan cerita. Kalau cerita Arab, pakaian dan bahasa akan mirip Arab, begitulah seterusnya.*
A : *Bagaimana pula persembahan Boria?*
B : *Persembahan Boria terbahagi kepada dua bahagian: lakonan dan nyanyian. Kedua-dua bahagian ini saling bergantungan di antara satu sama lain.*

Vocabulary

sebelah utara	in the north
dipersembahkan	is presented
dipertunjukkan	is shown
umpamanya	for example
ketibaan	arrival
tetamu	guest

berasal   originated
dalam abad   in the century
para peserta   participants
kedua-dua bahagian   both parts
muncul   appear

Kurikulum 3M

A : *Saya rasa kurikulum 3M satu dasar yang amat berfaedah.*

B : *Ya. Kurikulum 3M itu bukanlah dibuat secara tergesa-gesa atau ilham bidan terjun semata-mata. Ia telah dikaji, dirancang dan disusun oleh Kementerian Pelajaran dengan mengambil masa yang lama.*

A : *Tapi ramai orang belum lagi fahamkan faedah kurikulum baru.*

B : *Sebenarnya kurikulum baru sekolah rendah dicipta sebab kurikulum lama tidak membawa kesan yang diharapkan.*

A : *Ya. Kurikulum baru membolehkan seseorang murid menguasai kemahiran-kemahiran asas membaca, menulis dan mengira, di samping mereka itu berkembang secara menyeluruh dan seimbang, sesuai dengan peringkat umurnya.*

B : *Benar. Pengalaman yang diberikan kepada murid-murid hendaklah sesuai dengan hasrat negara, seperti yang terkandung di dalam Rukun Negara dan mencapai perpaduan di antara warganegara yang berbilang kaum. Masa akan meyakinkan kesan baik kurikulum ini.*

A : *Saya yakin akan kesan baik kurikulum baru itu.*

Vocabulary

amat berfaedah	very advantageous, beneficial
tergesa-gesa	hurriedly
semata-mata	merely
"bidan terjun"	an idiom which means doing something without prior notice.

dirancang	planned
belum lagi	not yet
fahamkan	understand
Sebenarnya	in fact
kemahiran-kemahiran	skills
berkembang	developing
hendaklah sesuai	should be suitable
terkandung	containing
perpaduan	solidarity
yakin	confident

108

Keretapi Muar

A : *Dengar khabar pada satu ketika dulu terdapat perkhidmatan keretapi di daerah Muar.*
B : *Benar. Perkhidmatan keretapi Muar bermula di sekitar tahun 1890 dan berakhir pada tahun 1918.*
A : *Inikah perkhidmatan keretapi yang pertama di Johor?*
B : *Bukan. Perkhidmatan keretapi yang pertama di Johor ialah yang menghubungkan Johor Baharu dengan Gunung Pulai sejauh tiga puluh dua kilometer. Ia digelar "Keretapi Kayu".*
A : *Mengapa begitu?*
B : *Kerana keseluruhan relnya diperbuat daripada kayu. Kemudian landasan-landasan kayu itu habis dimakan anai-anai.*
A : *Malangnya. Pada masa itu amat sukar melalui jalan darat ataupun laut, ya?*
B : *Sedar akan hal itulah kerajaan Johor mengumumkan kerja-kerja pembinaan jalan keretapi di Muar.*
A : *Tenaga buruh datang dari mana?*
B : *Tenaga buruh yang digunakan bagi kerja-kerja pembinaan jalan keretapi ini terdiri daripada orang-orang Melayu dan Jawa.*
A : *Oh begitu.*

Vocabulary

pada satu ketika	at one time
Perkhidmatan	service
berakhir	ended
yang pertama	the first
menghubungkan	connecting
digelar	is called
keseluruhan	the whole

diperbuat daripada	is made of
anai-anai	white ants
amat sukar	very difficult
melalui	through
darat	land
laut	sea
mengumumkan	announced
pembinaan	construction
tenaga buruh	labour force
yang digunakan	utilised

109

Operasi Banteras Maksiat

A : *Benarkah Polis Bandaraya menjalankan operasi banteras maksiat?*

B : *Benar. Polis Bandaraya telah melancarkan satu operasi bersih ke beberapa buah tempat dalam usaha membanteras kegiatan jenayah dan maksiat.*

A : *Nampaknya elok diadakan operasi seperti ini untuk membersihkan sebahagian Kuala Lumpur dari kegiatan-kegiatan yang tidak diingini.*

B : *Gerakan ini juga bertujuan untuk mewujudkan perasaan tanggungjawab, semangat kerjasama dan perpaduan di antara badan-badan kerajaan dengan penduduk-penduduk.*

A : *Apakah sasaran yang dipilih?*

B : *Sasaran yang dipilih untuk operasi ini adalah hotel-hotel, kedai-kedai gunting rambut yang dikendalikan oleh wanita, restoran-restoran dan kedai-kedai ubat.*

A : *Besarkah operasi yang diusahakan itu?*

B : *Bagi melicinkan dan mewujudkan perasaan tanggungjawab antara pihak polis dan orang ramai sebanyak lima belas badan kerajaan dan lebih seratus orang pegawainya telah menyertai gerakan operasi bersih tersebut bersama-sama hampir empat ratus orang pegawai dan anggota polis.*

A : *Rasanya operasi ini merupakan yang pertama melibatkan badan-badan kerajaan.*

B : *Operasi ini sungguh berjaya. Polis telah merampas dadah, candu dan menahan beberapa orang penagih dadah.*

Vocabulary

melancarkan   launched

banteras	fight against, eradicate
maksiat	sinful activities
dalam usaha	in their effort
kegiatan jenayah	criminal activities
sebahagian	a part of
juga bertujuan	also aimed
bertanggungjawab	responsible
yang dikendalikan oleh	operated by
telah menyertai	participated
melibatkan	involving
telah merampas	confiscated

Gunung Tahan

A : *Gunung apakah yang tertinggi sekali di Semenanjung Malaysia?*

B : *Gunung yang tertinggi ialah Gunung Tahan. Ia adalah sebuah gunung di banjaran yang berbentuk seperti ladam kuda yang terletak di negeri Pahang.*

A : *Bolehkah dikatakan Gunung Tahan itu salah sebuah gunung yang tertinggi di Asia Tenggara?*

B : *Gunung Tahan yang hampir dua ribu lima ratus meter tingginya tidak boleh disifatkan sebagai gunung tertinggi di Asia Tenggara.*

A : *Pernahkah gunung ini didaki?*

B : *Kata orang bila ada gunung ada sahajalah orang yang ingin hendak mendakinya, hinggakan Gunung Everest pun telah didaki orang.*

A : *Gunung Tahan itu tentu indah ya! Saya dengar ada cerita dongeng berkaitan dengannya.*

B : *Ya. Kononnya pada zaman dahulu, Sultan yang memerintah negeri Pahang pernah memerintahkan satu rombongan mendaki Gunung Tahan untuk mencari ibu emas.*

A : *Mengapa?*

B : *Ibu emas di kemuncak gunung itu dipercayai satu benda sakti yang boleh menukarkan apa-apa benda menjadi emas apabila sahaja disentuhkan benda itu padanya.*

Vocabulary

tertinggi sekali	highest. The prefix *ter-* denotes superlative degree. The word *sekali* is added to give greater emphasis.

yang	which. It is the relative pronoun meaning who, whose, whom.
berbentuk	of the shape
salah sebuah	one of. The word *buah* is the numerical coefficient for big or huge objects. The word *salah* also means error or mistake.
didaki	ascended or climbed. The word *daki* also means dirt on body.
ladam kuda	horse shoe
Asia Tenggara	Southeast Asia
ingin hendak	wish to
tentu indah	lovely indeed
Kononnya	it is believed
zaman dahulu	olden days
mendaki	to ascend. All verbs beginning with c, d and j can use the prefix *men-*.

111

Benturung

A : *Apakah jenis musang yang paling besar?*

B : *Jenis yang paling besar dalam keluarga musang ialah benturung. Dengan menggunakan ketajaman kukunya, benturung menangkap mangsanya untuk dijadikan makanan.*

A : *Bagaimanakah bentuk dan rupa benturung?*

B : *Benturung lebih besar dari musang dan berwarna hitam gelap. Ekor dan bulu di badannya lebih panjang dari bulu musang. Kakinya pendek, dan badannya lebih besar.*

A : *Bagaimana pula tabiat benturung?*

B : *Seperti musang, benturung cergas hanya pada waktu malam. Pada waktu siang, ia menghabiskan masa tidur di atas pokok.*

A : *Bagaimana benturung membiak?*

B : *Seperti mamalia lain, benturung membiak secara melahirkan anak. Seekor ibu benturung dapat melahirkan antara satu hingga tiga ekor anak semusim.*

Vocabulary

Apakah jenis	what kind. The word *-kah* is an interrogative suffix.
paling besar	biggest. The word *paling* usually denotes superlative degree.
dalam keluarga	in the family. The word *dalam* also means deep.
ketajaman	sharpness. The word *tajam* means sharp. The prefix *ke-* and suffix *-an* change

	the adjective into an abstract noun.
mangsanya	its prey
makanan	food. The word *makan* means eat. The suffix *-an* changes the verb into a noun.
hitam gelap	blackish
bulu	fur
seekor	one. The word *ekor* is the numerical coefficient for animal. The word *ekor* also means tail.

112

Ronggeng

A : *Ronggeng adalah salah satu tarian yang kaya dengan kesenian.*
B : *Tarian asli ini biasa diadakan dalam majlis keramaian di kampung-kampung ataupun di majlis-majlis penting.*
A : *Tapi, selepas perang dunia ronggeng telah bertukar coraknya dan telah bercampur dengan tarian barat. Kini tarian itu dipanggil joget moden.*
B : *Pemuda-pemudi pada masa ini sangat gemar pada joget moden terutamanya mereka yang di bandar. Pada waktu malam terutama malam minggu tempat berjoget menjadi rancak.*
A : *Ya. Sekali mereka menari, tidak berhenti-henti. Apa lagi kalau irama rancak.*
B : *Di bandar yang besar seperti di Kuala Lumpur dan Pulau Pinang joget diadakan di hotel-hotel yang besar. Rakyat Malaysia gemar dengan tarian ini.*
A : *Tarian ronggeng mestilah dikekalkan. Tarian ini lebih baik kalau dibandingkan dengan tarian-tarian barat. Malangnya pemuda-pemudi kita pada masa ini kebarat-baratan.*
B : *Oleh sebab ronggeng adalah satu tarian berunsur kebangsaan, badan-badan seni patutlah menghidupkan tarian ini dengan cara besar-besaran demi kepentingan kita bersama.*

Vocabulary

salah satu	one of. The word *salah* by itself means a mistake or an error.
kesenian	art
keramaian	gathering

selepas perang	after the war
telah bertukar	has changed
tarian barat	western dances
dipanggil	is called. The word *di-* is always used in the passive voice; it is also the locative preposition indicating place.
terutama	particularly
mereka menari	they dance
gemar	like
mestilah dikekalkan	should be preserved
kalau dibandingkan	if compared
kebarat-baratan	westernised
menghidupkan	revive

Tanjung Bidara

A : *Ramai pelancong berkunjung ke Tanjung Bidara sekarang.*

B : *Ya. Tanjung Bidara memang sebuah pusat peranginan yang indah. Ia terletak di hujung kampung dan bersempadan pula dengan kawasan Kem Terendak. Mudah dihubungi dengan sebarang kenderaan.*

A : *Pusat peranginan ini juga paling popular, kerana pantainya bersih dan airnya jernih.*

B : *Benar. Pasirnya yang putih sungguh menyenangkan hati dan mata. Pohon-pohonnya pun rendang, sangat selesa untuk berehat-rehat terutama bila angin bertiup.*

A : *Pantai ini bukan sahaja menjadi tumpuan pelancong-pelancong tempatan dan luar negeri malah pernah mendapat perhatian istimewa daripada pengusaha-pengusaha filem untuk membuat penggambaran filem-filem mereka.*

B : *Bagi murid-murid sekolah, mereka datang bukan hanya untuk sepanjang hari, malah mereka mendirikan khemah-khemah untuk menghabiskan masa semalam dua di pantai yang indah itu.*

A : *Tanjung Bidara sesungguhnya ialah sebuah pantai peranginan yang sangat disukai. Ia amat menarik dengan segala keindahan yang menambat hati sesiapa juga yang menjejak kaki di situ.*

B : *Lambaian daun-daun kelapa yang lemah-gemalai itu sentiasa memukau setiap pengunjungnya untuk datang lagi bermesra dengan keindahan alam semula jadinya.*

Vocabulary

Ramai pelancong	many tourists
memang	certainly

Pusat peranginan	holiday resort. The word *pusat* also means centre.
bersempadan	bordering. The prefix *ber-* denotes possession.
kenderaan	vehicles
pantainya	its beach. The suffix *-nya* is a possessive pronoun.
rendang	leafy
tempatan	local
penggambaran	filming
hanya untuk	only for
pantai yang indah itu	the lovely beach
yang menambat	captivates
sentiasa memukau	always keep in spell bound
keindahan alam semula jadinya	the beauty of nature

Pantun

A : *Pantun masih digemari oleh kebanyakan orang.*
B : *Pantun adalah pusaka peninggalan nenek moyang. Perasaan dapat disampaikan dengan jelas melalui pantun.*
A : *Itu benar, salah satu contohnya ialah:*
Penatlah saya menanam padi,
Nanas juga ditanam orang.
Penatlah saya menanam budi,
Emas juga dipandang orang.
B : *Kebanyakan pantun mengandungi nasihat yang sangat berguna kepada masyarakat. Isi pantun itu memang benar. Lazimnya orang-orang berada sahaja dihormati dan disanjung tinggi. Orang-orang miskin tidak dihormati dan sentiasa dipandang rendah.*
A : *Ya. Walaupun orang miskin cuba berbuat jasa, bakti mereka tidak diterima sebagai tanda ikhlas.*
B : *Sebaliknya walaupun jutawan-jutawan bersifat lokek, mereka terus juga dihormati dan diberi segala pujian.*
A : *Ini membuktikan kepada kita untuk mendapatkan nama baik di kalangan masyarakat seseorang itu wajiblah berjimat-cermat dan mengumpulkan wang.*
B : *Boleh jadi pantun ini digubah dengan tujuan memberi nasihat kepada orang ramai betapa pentingnya berjimat-cermat.*

Vocabulary

kebanyakan orang	most people
pusaka	heritage
nenek moyang	ancestors
Perasaan	feeling
disampaikan	conveyed

melalui	through. The prefix *me-* also denotes transitive verb. The prefix is used for all verbs beginning with l, m, n, r, w and y.
menanam	plant. The root word is *tanam*.
Nanas	pineapple
dikenang	remembered
Emas	gold, but it gives the meaning wealth
sentiasa	always
Walaupun	even though
segala pujian	all praises
wajiblah	should
berjimat-cermat	frugal
digubah	composed
jutawan	millionaire. *-wan* is a suffix meaning masculine. The feminine gender is *-wani* or *-wati*.
tujuan	aim
betapa	really

Sejarah Melayu

A : *Benarkah "Sejarah Melayu" merupakan hasil sastera yang terpenting dan yang terbaik di antara hasil-hasil sastera Melayu yang lain?*

B : *Benar. Kitab itu adalah satu sumber sejarah yang menggambarkan kehidupan masyarakat Melayu lama yang terdiri daripada golongan istana dan rakyat jelata.*

A : *Siapakah pengarang kitab "Sejarah Melayu" itu?*

B : *Pengarangnya ialah Tun Seri Lanang, Bendahara Paduka Raja Negeri Johor. "Sejarah Melayu" disanjung sebagai hasil sastera Melayu yang terbaik pada zaman itu.*

A : *Mengapa pula?*

B : *Ini adalah kerana tidak seperti kitab-kitab sejarah lainnya, kitab ini mengisahkan bukan sahaja hal-hal yang berlaku dalam negeri Johor tetapi juga mengisahkan kebesaran raja-raja Melaka. Kitab ini juga ada menyebutkan tentang kebesaran dan taraf raja dan perkara-perkara yang tidak boleh dilakukan oleh rakyat biasa atau rakyat jelata.*

A : *Kitab ini memang ada keistimewaan tersendiri.*

B : *Ya. Pengarang berbakat itu mempunyai pandangan yang tajam terhadap segala apa yang berlaku di sekitarnya dan apa yang didengarnya. Dia sempat menulis segala yang berlaku dalam hal istana dan segala masalah yang timbul dalam pentadbiran kerajaan Melayu lama.*

Vocabulary

terpenting	most important
terbaik	the best
pengarang	author

sebagai hasil sastera	as a literary work
kitab-kitab sejarah	history books
mengisahkan	narrates
berlaku dalam	happened in
perkara-perkara	affairs
rakyat biasa	ordinary citizens
pandangan	opinion
sekitarnya	around
didengarnya	heard of

Sistem Kebun Campuran

A : *Mengapa pekebun-pekebun kecil digalakkan mengamalkan sistem kebun campuran?*

B : *Para pekebun kecil yang mempunyai bidang tanah yang kecil digalakkan mengamalkan sistem itu agar pendapatan mereka meningkat.*

A : *Tapi pendapatan mereka hanya akan meningkat melalui usaha yang gigih untuk menambah pengeluaran melalui sistem ini.*

B : *Itu benar. Penggunaan tanah dengan sepenuhnya dapat dijayakan dengan cara menanam beberapa jenis tanaman serentak di atas bidang tanah yang sama.*

A : *Bagaimana pula?*

B : *Misalnya, apabila getah ditanam semula, tanah yang sama digunakan juga untuk tanaman kontan, ternakan haiwan dan mana yang sesuai menjalankan ternakan ikan air tawar.*

A : *Baguslah. Sistem ini akan membawa kesan yang memuaskan.*

B : *Mereka yang terlibat perlu berhubung dengan jabatan-jabatan tertentu bagi mendapatkan bantuan dalam bentuk nasihat serta tunjuk ajar.*

A : *Sistem ini perlu diamalkan. Di bawah sistem ini hasil yang dikeluarkan adalah pelbagai jenis dan sekiranya harga satu-satu jenis barang turun, kerugian yang dialami dapat ditebus oleh harga barang lain yang tidak turun.*

B : *Benar.*

Vocabulary

pekebun-pekebun kecil	small holders
digalakkan	encouraged
mengamalkan	to practice

mempunyai	possessing
hanya akan	only can
melalui usaha	through the effort
gigih	determined
Penggunaan	utilization
beberapa jenis	several types
misalnya	for example
ditanam	planted
haiwan	animal
kesan	impact, effect
jabatan-jabatan tertentu	specific departments
sekiranya	in case
kerugian	loss
dapat ditebus	can be recovered

117

Demam Malaria

A : *Betulkah demam malaria masih menjadi masalah sekarang ini?*
B : *Ya. Biasanya demam malaria mudah menyerang kanak-kanak. Malaria merbahaya dan boleh membawa maut.*
A : *Apakah langkah-langkah tegas yang telah diambil?*
B : *Pakar-pakar sains sentiasa berusaha mencipta ubat pembunuh kuman malaria ini. Meskipun begitu jumlah pesakit malaria bertambah setiap tahun.*
A : *Tidakkah usaha-usaha tegas pakar-pakar sains itu memberi kesan?*
B : *Sungguhpun ubat pembunuh kuman dicipta, bilangan nyamuk tiruk semakin bertambah. Serangga inilah yang membiakkan kuman malaria, kerana ubat yang dicipta hanya dapat membunuh kuman tetapi bukan membunuh nyamuk.*
A : *Apakah sebab-sebabnya?*
B : *Ini adalah kerana terlalu banyak kawasan berair tenang bertakung yang membolehkan nyamuk itu membiak seperti tasik, paya dan lain-lain.*
A : *Jadi nampaknya manusia perlulah bertanggungjawab untuk menghapuskan nyamuk tiruk.*
B : *Kajian dan penyelidikan sedang diusahakan. Untuk mencipta jenis-jenis ubat membunuh kuman malaria yang lebih berkesan.*
A : *Moga-moga penyakit ini dapat kita hapuskan.*
B : *Untuk menyelesaikan masalah ini bukannya mudah dan ia memakan masa bertahun-tahun sebelum penyakit ini dapat dihapuskan.*

Vocabulary

masih menjadi   is still

Biasanya	usually
langkah-langkah tegas	positive steps
merbahaya	dangerous
membawa maut	brings death
pembunuh kuman	germ killer
bertambah	increased
serangga	insect
kuman	germ
nyamuk	mosquito
banyak kawasan	large areas
tenang	calm
tasik	lake
paya	swamp
menghapuskan	to destroy
bertahun-tahun	years
sebelum penyakit ini	before this disease

118

Akaun Perorangan

A : *Rakyat jelata perlu berjimat-cermat demi kemakmuran, kebahagiaan dan kesejahteraan diri sendiri dan negara.*

B : *Ya. Akaun perorangan memainkan peranan yang amat penting dalam pembangunan, lebih-lebih lagi dalam konteks pembangunan negara-negara dunia ketiga.*

A : *Nampaknya pendekatan berkesan dalam penggalakan akaun perorangan bukan saja dapat membantu mengurangkan kesan-kesan buruk inflasi tetapi juga meluaskan sumber-sumber tabungan tempatan bagi pembiayaan program dan projek-projek pembangunan.*

B : *Benar. Selain dari itu ia juga dapat membantu dalam usaha meningkatkan mutu kehidupan masyarakat.*

A : *Wang perlu digunakan dengan arif dan bijaksana.*

B : *Benar. Pendekatan dan kaedah yang berkesan dalam penggemblengan akaun perorangan mestilah mengambil kira suasana sosio-budaya dan ekonomi masyarakat.*

A : *Ya. Hanya apabila institusi simpanan dikendalikan selaras dengan sistem nilai sesuatu masyarakat dan persekitarannya barulah ia benar-benar dapat diterima oleh masyarakat.*

B : *Masyarakat juga perlu bersikap jimat-cermat agar inflasi tidak menjejaskan rancangan-rancangan pembangunan negara.*

Vocabulary

berjimat-cermat	frugal, thrifty
kemakmuran	prosperity
peranan	role

pembangunan	development
dunia ketiga	the third world
pendekatan	approach
kesan-kesan	effects
meluaskan	widens
sumber-sumber	sources
pembiayaan	financing
dapat membantu	able to assist
perlu digunakan	should be used
dengan arif dan bijaksana	wisely
suasana	atmosphere
persekitaran	surrounding
dapat diterima	can be accepted
menjejaskan	jeopardise

119

Tema Musabaqah Membaca Al-Quran

A : *Tema Musabaqah Membaca Al-Quran Al-Karim tahun ini sungguh berkesan.*

B : *Tema menanamkan semangat berdisiplin dan kesungguhan bekerja merupakan satu cabaran yang wajib kita terima dengan rela hati.*

A : *Dalam menjayakan program pembangunan negara yang menyeluruh itu tentulah sumbangan paling besar harus datang dari rakyat. Kerajaan dan pemimpin-pemimpinnya boleh menetapkan dasar dan matlamat pembangunan, boleh mengadakan berbagai bantuan dan kemudahan untuk mempercepat perlaksanaannya, tetapi pada hakikat yang berkemampuan menukar keadaan masyarakat dari mundur menjadi maju, dari miskin menjadi mewah, tentulah masyarakat itu sendiri.*

B : *Memang benar. Usaha dan tenaga kerajaan sahaja tidak akan dapat memenuhi semua keperluan. Jadi sumbangan rakyat adalah amat penting.*

A : *Benar. Dengan penekanan terhadap disiplin diri dan kesungguhan bekerja maka ada kemungkinan besar rakyat akan meningkatkan usaha mereka dengan berkesan malah akan lebih menyedari tanggungjawab mereka terhadap kemajuan bangsa dan nusa.*

B : *Kalau kita berpedomankan tema bernas itu kita dapat membina sebuah masyarakat yang adil, maju dan bahagia.*

A : *Ya. Rakyat pasti bersifat berani, cekap dan bersih.*

B : *Jadi, tema musabaqah itu menaburkan kesedaran suci yang bermakna dan berfaedah.*

Vocabulary

sungguh berkesan   very effective

satu cabaran	a challenge
dengan rela hati	willingly
pembangunan negara	national development
Kerajaan	government
matlamat	target, objective
berbagai bantuan	various assistance
kemudahan	facilities
mempercepatkan	expedite
mundur	backward
dapat memenuhi	able to fulfill
amat penting	very important
kemungkinan	possibility
kemajuan	progress
cekap	efficient
bermakna	meaningful
berfaedah	advantageous

120

Bank Simpanan Nasional

A : *Bank Simpanan Nasional berkembang begitu pesat sekali.*

B : *Benar. Perkhidmatan Bank Simpanan di negara kita bermula pada akhir kurun yang ke-19.*

A : *Apakah bank-bank yang pertama ditubuhkan?*

B : *Bank-bank yang pertama sekali iaitu Bank Simpanan Negeri Perak ditubuhkan dalam tahun 1888 dan Bank Simpanan Negeri Selangor ditubuhkan dalam tahun 1893. Dalam tahun 1907 Bank Simpanan Negeri Perak dan Selangor telah dimansuhkan dan dijadikan Bank Simpanan Pejabat Pos.*

A : *Adakah Bank Simpanan yang lain ditubuhkan?*

B : *Perkhidmatan Bank Simpanan yang berasingan di bawah Bank Simpanan Pejabat Pos Negeri-negeri Selat juga telah wujud di Pulau Pinang, Melaka dan Singapura pada tahun 1902. Berikutan dengan terbentuknya Persekutuan Tanah Melayu dalam tahun 1948, undang-undang telah diadakan bagi menyatukan semua Bank Simpanan Pejabat Pos.*

A : *Bagus sekali langkah itu.*

B : *Ya. Semenjak tahun 1949 wang simpanan dalam Bank Simpanan Pejabat Post telah semakin bertambah.*

A : *Ini satu tanda baik.*

B : *Pada masa pelancarannya pada 5hb. Disember 1974, Bank Simpanan Nasional mempunyai lebih dari 2.5 juta orang penyimpan. Jumlah wang terkumpul melebihi $537 juta.*

A : *Bagus. Jadi, dengan tertubuhnya Bank Simpanan Nasional, satu babak baru telah tercipta dalam sejarah institusi simpanan wang di negara kita.*

Vocabulary

berkembang	develop
Perkhidmatan	service
akhir kurun	end of the century
dalam tahun	in the year
berasingan	separate
telah wujud	existed
dengan terbentuknya	with the formation
undang-undang	laws
bagi menyatukan	to amalgamate
langkah itu	that step
bertambah	increase
pelancaran	launching
melebihi	exceeded
satu babak baru	a new chapter
dalam sejarah	in the history
di negara kita	in our country

121

Skim Amanah Saham Nasional

A : *Kejayaan Skim Amanah Saham Nasional mengkagumkan.*

B : *Kerajaan menjangka jumlah pelabur Amanah Saham Nasional akan meningkat sejuta orang pada pertengahan tahun ini.*

A : *Baguslah. Bagaimana pula sambutan dari pegawai-pegawai sektor awam?*

B : *Sungguh memuaskan. Hampir 160,000 kakitangan kerajaan telah melabur dalam skim ini.*

A : *Ini khabar yang sungguh-sungguh menggalakkan. Mungkin jabatan menguruskan potongan gaji.*

B : *Ya. Untuk melicinkan lagi penyertaan menerusi sistem potongan gaji ini pihak Amanah Saham Nasional Berhad melalui para pegawai pemasarannya di merata negeri, mengedar barang-barang pengakuan potongan gaji kepada kakitangan kerajaan Bumiputera.*

A : *Apakah langkah-langkah yang diambil untuk meningkatkan penyertaan semua pihak.*

B : *Menerusi pelaburan berkelompok di mana pegawai pemasaran Amanah Saham Nasional pergi ke jabatan berkenaan dengan membawa ejen atau wakil Amanah Saham Nasional untuk membolehkan kakitangan Bumiputera di jabatan tersebut membuat pelaburan. Dan juga menerusi pengiklanan yang memberi kumpulan bergaji, peneroka dan suri rumahtangga.*

A : *Baguslah. Ini mungkin untuk memberi galakan kepada mereka terus melabur. Penurunan had umur pelabur-pelabur dari 21 tahun kepada 18 tahun akan meningkatkan lagi jumlah Bumiputera yang layak untuk menyertai skim ini.*

Vocabulary

menjangka	anticipates, estimates
pelabur	investor
akan meningkat	will rise
sambutan	response
kakitangan kerajaan	government servants
penyertaan	participation
mengedar	distribute
pelaburan	investment
pegawai pemasaran	marketing officer
pengiklanan	advertisement
galakan	encouragement
suri rumah tangga	housewives
had umur	age limit
layak	eligible

Tulisan Braille

A : *Siapa pengasas tulisan untuk orang-orang buta?*
B : *Louis Braille ialah pencipta tulisan Braille itu.*
A : *Siapakah yang mendorong Louis Braille?*
B : *Pada tahun 1826 Louis mendengar cerita tentang seni huruf yang dicipta oleh Kapten Barbier. Seni huruf itu boleh dibaca di dalam gelap sebagai kod rahsia.*
A : *Nampaknya Louis mendapat ilham daripada Kapten Barbier.*
B : *Louis menjalankan percubaan dan memperkenalkan sistem enam dot. Ramai pelajar sempat menulis dan membaca dengan sistem ini.*
A : *Bila sistem ini digunakan secara meluas?*
B : *Pada tahun 1852 Louis meninggal dunia. Dua tahun kemudian pada tahun 1854 seorang pelajar perempuan, Louis, yang dilahirkan buta bermain piano di Pameran Antarabangsa Paris. Konsert itu sangat mengkagumkan orang ramai. Sejak dari peristiwa itu sistem huruf enam dot ciptaan Louis Braille mula digunakan oleh semua orang buta.*
A : *Bagaimanakah sistem itu?*
B : *Sistem itu hanya menggunakan kod dan simbol untuk semua huruf. Jadi mudahlah pelajar dari bahasa apa sahaja mempelajari dan menggunakan sistem itu.*
A : *Baguslah. Orang buta pun boleh belajar hingga ke universiti seperti pelajar tidak buta jika tekun berusaha.*
B : *Ya. Orang buta mengingati Louis Braille dengan penuh kesyukuran.*

Vocabulary

orang-orang buta	the blind
Pencipta	inventor

tentang	regarding
huruf	letter of alphabet
boleh dibaca	can be read
ilham	inspiration
memperkenalkan	introduced
secara meluas	widely
meninggal dunia	passed away
dilahirkan buta	born blind
peristiwa itu	the incident
tekun berusaha	concentrate diligently
dengan penuh kesyukuran	with great gratitude

123

Penyebaran Agama Islam ke Asia Tenggara

A : *Negeri manakah yang pertama sekali menerima agama Islam di Asia Tenggara?*
B : *Pasai yang terletak di Sumatera Utara merupakan negeri pertama sekali menerima agama Islam di Asia Tenggara.*
A : *Bagaimana pula di Malaysia?*
B : *Di Malaysia, Terengganu adalah negeri yang pertama sekali menerima agama Islam. Oleh kerana agama Islam tidak disebarkan dengan meluasnya di Terengganu, negeri itu tidak menjadi pusat agama Islam yang utama.*
A : *Bila agama Islam tersebar ke Asia Tenggara?*
B : *Agama Islam tersebar ke Asia Tenggara dalam abad kelima belas, melalui pedagang Arab, Parsi dan Gujerat yang datang berniaga di Melaka.*
A : *Siapa Sultan Melaka pada masa itu?*
B : *Sultan Melaka pada masa itu Megat Iskandar Syah. Baginda tertarik dengan ajaran agama Islam yang disebarkan oleh pedagang-pedagang tu. Dengan itu, pada tahun 1414, baginda pun memeluk agama Islam. Baginda Megat Iskandar Syah merupakan raja Melaka yang pertama memeluk agama Islam.*
A : *Dengan pengislaman Baginda, agama Islam pastilah berkembang dengan pesat?*
B : *Ya. Surau dan masjid telah dibina di Melaka dengan banyaknya termasuklah sebuah masjid yang didirikan oleh Sultan Mansur Syah.*
A : *Syukurlah.*
B : *Sultan Mansur Syah begitu baik sekali dengan ulama-ulama Islam yang mengajar ajaran Islam di Melaka.*
A : *Jasa baginda itu mengkagumkan.*
B : *Agama Islam terus berkembang hingga ke Sulu,*

Mindanao, Banjarmasin, Sulawesi dan Pulau Maluku.

Vocabulary

negeri pertama	first country
merupakan	appeared to be
tidak disebarkan	not spread
dengan meluasnya	extensively
pusat agama	religious centre
dalam abad	in the century
datang berniaga	came to trade
tertarik dengan	attracted to
memeluk	embraced
berkembang	developed
didirikan oleh	built by
ulama-ulama	preachers
mengkagumkan	astonishing

124

Zoo Negara

A : *Dengar khabar, ada rancangan besar untuk memperbaiki Zoo Negara?*

B : *Taman Haiwan itu akan diberi imej baru. Jawatankuasa perancangan Zoo Negara kini sedang merangka berbagai rancangan khusus untuk memperbaiki keadaan di Taman Haiwan.*

A : *Baguslah begitu. Apakah yang sebenarnya dirancangkan?*

B : *Sebagai langkah awal pihaknya terlebih dahulu perlu memastikan kedudukan serta keadaan berbagai bangunan; dan tempat kediaman binatang diperbaiki dan disusun semula bagi membolehkan projek-projek seterusnya dimulakan.*

A : *Apakah projek-projek itu?*

B : *Pihak Zoo Negara telah diperuntukkan sejumlah M$5 juta sebagai perbelanjaan lima tahunnya di mana setiap tahun sejumlah sejuta ringgit akan digunakan untuk berbagai program pembangunan.*

A : *Apakah rancangan segera yang dijalankan?*

B : *Bangunan dan tempat kediaman binatang yang ada sekarang telah berusia hampir dua puluh tahun dan tidak sesuai lagi dengan perkembangan pesat Zoo Negara. Bangunan ini akan dibina dengan segera.*

A : *Bagaimana pula lain-lain projek?*

B : *Di antara projek yang sedang dalam perancangan ialah mengadakan "kamoung" Afrika iaitu sebuah kawasan khas untuk sepuluh jenis binatang Afrika di mana pelawat dapat melihat binatang-binatang dari platform yang ditempatkan di tanah luas satu hingga dua hektar itu. Ada juga rancangan untuk mengadakan satu kawasan untuk burung-burung di mana pelawat boleh masuk ke tempat khas yang mempunyai beberapa pintu bagi mengelakkan*

> *burung-burung itu lepas terbang.*
A : *Bagus sekali rancangan-rancangan Zoo Negara itu.*

Vocabulary

memperbaiki	improve
jawatankuasa	committee
sedang merangka	is planning
membolehkan	enable
dimulakan	started
akan dibina	will be built
dengan segera	immediately
kawasan khas	special area
pelawat	visitor
boleh masuk	can enter
mengelakkan	to avoid
beberapa pintu	several doors

Gamelan

A : *Gamelan, seni muzik tradisional masih terkenal di Terengganu, Pahang dan Johor.*
B : *Ya. Ahli seni dan budayawan negara bersependapat gamelan berasal dari Jawa.*
A : *Apakah ertinya perkataan gamelan itu?*
B : *Perkataan itu berasal dari perkataan Jawa yang memberi erti sebagai bunyi-bunyian alat-alat muzik diperbuat daripada perunggu yang dipalu.*
A : *Gamelan mungkin merupakan salah satu seni purba.*
B : *Benar. Gamelan dalam masyarakat Jawa merupakan satu kesenian tradisional yang amat tua. Ia telah wujud sebelum zaman keagungan kerajaan Kediri dalam abad yang kesebelas dan kedua belas. Seni itu masih amat diminati ramai di Jawa.*
A : *Bagaimanakah gamelan sampai ke Malaysia?*
B : *Seni itu dibawa oleh penghijrah-penghijrah ke Riau, Lingga, Rokan, Kampar, Singapura dan Pahang.*
A : *Mungkin seni ini diusahakan di negara kita.*
B : *Ya. Gamelan Jawa telah diberikan nafas dan wajah baru, diserapkan dengan unsur-unsur keislaman.*
A : *Adakah seni ini berkembang dengan pesat di negara kita?*
B : *Ya. Gamelan berada di puncak keagungan pada masa pemerintahan Sultan Sulaiman di Terengganu.*
A : *Apakah tarian gamelan yang terkenal sekarang?*
B : *Di antara tarian gamelan yang terkenal kini ialah tarian geroda, tarian tenun, tarian perang, tarian topeng, tarian geliung, tarian taman sari dan tarian burung.*

Vocabulary

masih terkenal   still famous (popular)

bersependapat	are of the opinion
perkataan	word
membawa erti	means
di negara kita	in our country
unsur-unsur	traits
dengan pesat	swiftly
sebelum zaman	before the period
dibawa oleh	brought by
penghijrah-penghijrah	emigrants
tarian	dance
terkenal sekarang	well-known now
tarian perang	war dance
puncak keagungan	at the zenith
terkenal sekarang	famous now

Keperluan Beriadah

A : *Kita perlu beriadah untuk menjaga kesihatan diri agar sentiasa dalam keadaan segar.*

B : *Ya. Bergerak di dalam rumah dan mengerjakan beberapa tugas rumah biasanya dapat juga membantu menyihatkan badan. Kerja-kerja rumah yang ringan seperti membersihkan cermin jendela, mengemas katil, mengelap lantai, membasuh pinggan mangkuk dan kerja-kerja menanam semuanya dapat membantu mengekalkan satu tahap keupayaan pergerakan badan dan kekuatan otot.*

A : *Untunglah suri rumahtangga kerana mereka bersenam setiap hari tanpa disedari.*

B : *Tapi sewaktu menjalankan kerja-kerja rumah, mereka yang mempunyai masalah tulang belakang atau jantung perlulah berhati-hati apabila membongkok, menolak atau mengangkat barang ringan ataupun yang berat-berat.*

A : *Apakah kegiatan-kegiatan lain yang boleh memberi faedah kepada orang yang tidak berpenyakit?*

B : *Berperahu dapat menggalakkan pergerakan badan dan baik untuk otot, jantung dan paru-paru di samping menambahkan kekuatan di bahagian atas tubuh.*

A : *Apakah permainan-permainan atau amalan-amalan lain yang berfaedah.*

B : *Permainan hoki baik juga untuk kekuatan, pergerakan dan jogging pula sungguh baik untuk otot kaki.*

Vocabulary

sentiasa	at all times
di dalam rumah	in the house

ringan	light
jendela	window
katil	bed
mengelap lantai	mop the floor
suri-suri rumah	housewife
jantung	heart
barang ringan	light objects
berat-berat	very heavy
kegiatan-kegiatan	activities
membawa faedah	beneficial
menggalakkan	encourage
bahagian	part
permainan-permainan	games
paru-paru	lungs
otot	muscles

Pencipta Enjin Diesel

A : *Siapakah pencipta enjin diesel?*
B : *Namanya Rudolf Diesel. Dia berbangsa Jerman. Dia sangat berminat dalam mereka dan memperbaiki enjin.*
A : *Rajin dan usaha tangga kejayaan.*
B : *Benar. Rudolf mencipta enjin yang menggunakan minyak sebagai bahan pembakarnya. Enjin pertamanya itu mendapat perhatian umum walaupun gagal.*
A : *Bila sebenarnya Rudolf Diesel berjaya?*
B : *Rudolf berjaya pada tahun 1898. Enjin minyak ciptaan Rudolf dipamerkan di pameran perdagangan. Pesanan dari orang ramai mulai datang mencurah-curah.*
A : *Oh, begitu.*
B : *Hasil ciptaan ini menjadikan Rudolf seorang jutawan. Tapi Rudolf kurang cekap menguruskan kewangan syarikat yang mencipta enjin itu.*
A : *Apakah akibatnya?*
B : *Rudolf terpaksa menanggung beban hutang yang bertimbun-timbun. Akhirnya Rudolf terjun ke dalam Selat dan mati lemas.*
A : *Alangkah sedihnya nasib Rudolf Diesel.*
B : *Ramai jurutera yang meneruskan penyelidikan untuk memperbaiki mutu enjin ciptaan Rudolf itu. Enjin minyak itu mereka namakan enjin diesel. Rudolf Diesel disanjung oleh orang ramai sebagai bapa penggerak enjin jentera-jentera pengangkutan.*

Vocabulary

pencipta	inventor
memperbaiki	repair

sebagai bahan	as a material
walaupun	even though
gagal	failed
dipamerkan	exhibited
pesanan dari	orders from
jutawan	millionaire
kurang cekap	less efficient
syarikat	company
terpaksa	compelled
mati lemas	drowned
nasib	fate
Malah	in fact
jentera-jentera	machines
pengangkutan	transport

128

Universiti Islam

A : *Universiti Islam pasti akan mengeluarkan ramai pakar dalam berbagai bidang.*

B : *Projek Universiti Islam mendapat restu serta sokongan daripada negara-negara Islam di Timur Tengah.*

A : *Umat Islam di negara kita patutlah bersyukur kehadrat Allah kerana anak cucu mereka di masa depan terdiri daripada cendekiawan Islam yang bakal menjadi pemimpin negara di masa akan datang.*

B : *Ya. Penubuhan Universiti Islam merupakan rahmat dan tuah kepada umat Islam di negara kita.*

A : *Langkah-langkah penubuhan Universiti Islam bukan saja bertujuan untuk memberi pendidikan sains dan teknologi berunsur Islam kepada rakyat, sebaliknya satu usaha ke arah menerapkan ajaran Islam dalam pentadbiran kerajaan di masa depan.*

B : *Segala-galanya akan terlaksana berkat dari sokongan bulat rakyat serta restu dari Allah.*

A : *Benar. Rakyat Malaysia pasti akan memperolehi manfaat besar.*

B : *Mahasiswa-mahasiswa sempat mempelajari berbagai bidang ilmu termasuk perubatan dan kejuruteraan.*

A : *Baguslah. Negara kita memerlukan ramai doktor dan jurutera.*

B : *Universiti Islam pasti akan memenuhi keperluan-keperluan negara kita yang sedang pesat membangun.*

Vocabulary

pasti	certainly
akan mengeluarkan	will produce
pakar	experts
berbagai bidang	various fields

Timur Tengah	Middle East
cendikiawan	intelectual
bakal	will become
bertujuan	aimed at
ajaran	teaching
pentadbiran	administration
sokongan bulat	unanimous support
berkat	blessing
manfaat	advantage
perubatan	medical
kejuruteraan	engineering
memerlukan	require, need
pesat	rapidly, swiftly

129

Video

A : *Keghairahan masyarakat menonton tayangan video patut dikawal.*

B : *Tidak semestinya. Kebelakangan ini, video merupakan salah satu alat hiburan.*

A : *Kini ramai yang gemar dan suka menonton tayangan-tayangan video lebih kerap dari wayang gambar atau siaran televisyen sendiri.*

B : *Namun masih ada peminat-peminat televisyen.*

A : *Video mula-mula popular di kedai kopi dan kelab-kelab malam serta hotel. Sambutannya semakin meluas bila adanya pusat-pusat video di tempat-tempat lain. Kini video boleh digunakan di rumah dan di bilik-bilik sempit atau luas. Dari mana datangnya filem-filem itu?*

B : *Kebanyakan filem-filem yang ditayangkan telah diimport dari negara seperti Thailand dan India. Selain dari negara-negara tersebut filem-filem itu juga dibeli dari Denmark, Hong Kong dan Jepun.*

A : *Dengar khabar, kebanyakan filem-filem itu tidak begitu baik dari segi moral.*

B : *Seni adalah sesuatu yang sukar untuk ditafsirkan.*

A : *Jika kita mementingkan kesejahteraan dan keharmonian dalam hidup bermasyarakat dan nilai rohani yang tinggi, maka pertubuhan pusat video harus dikawal.*

B : *Hakikat ini terletak atas keupayaan dan kemahuan kita sendiri. Kerajaan kita mesti memerhatikannya atas kesedaran yang video lebih banyak mendatangkan keburukan. Kerajaan Indonesia telah pun mengharamkan video.*

Vocabulary

Keghairahan	interest
tayangan	shows
Kebelakangan ini	lately
lebih kerap	more frequent
masih ada	there are still
pusat-pusat	centres
boleh digunakan	can be used
sempit	narrow
luas	wide
Kebanyakan	most
sukar ditafsirkan	difficult to interpret
harus dikawal	should be checked
kesedaran	awareness
telah pun mengharamkan	have banned

Peranan Khatib

A : *Cendekiawan Islam patut menjadi khatib yang berwibawa.*

B : *Benar. Oleh kerana hari Jumaat hanya seminggu sekali, maka khutbah Jumaat juga diadakan hanya seminggu sekali. Jadi peluang yang terhad itu tidak patut diisi dengan khutbah yang tidak memberi manfaat.*

A : *Khutbah-khutbah yang boleh menyemarakkan semangat, sekaligus boleh mencetuskan keinginan seseorang untuk cepat sampai ke masjid kerana mahu mendengar khutbah.*

B : *Lazimnya seseorang khatib dipilih daripada orang yang petah berpidato.*

A : *Khutbah adalah wajib dalam sembahyang Jumaat. Tanpa khutbah sembahyang Jumaat tak sah. Oleh itu para khatib harus mengenali tugasnya sebagai seorang khatib sebelum ia berkhutbah. Ia harus bertanya, siapakah dirinya, untuk siapa khutbahnya, apa tujuan khutbah dan kerana apa ia berkhutbah.*

B : *Benar. Seorang khatib semestinya terdiri daripada mereka yang mendalami ilmu agama dan ilmu dunia. Ia juga seharusnya seorang pemerhati dan pengkritik yang tulus ikhlas.*

A : *Ia juga mesti seorang yang beriman tebal dan amanah.*

B : *Benar. Ia juga patut berkhutbah dengan menggunakan bahasa yang mudah difahami. Ramai orang suka akan bahasa yang ringkas, padat dan tepat.*

Vocabulary

Cendekiawan	learned person
berwibawa	dignified

Oleh kerana	because
hanya seminggu sekali	only once a week
peluang	opportunity
khutbah	sermon
semangat	spirit
keinginan	wish
masjid	mosque
mahu mendengar	want to hear
Tanpa	without
tugas	duty
tujuan	aim
semestinya	should
pemerhati	observer
tulus	sincere
beriman	pious
mudah difahami	easy to understand
ringkas	brief
padat	concise
tepat	precise

131

Pengaruh Emas

A : *Emas masih mempesonakan umat manusia di mana jua pun.*

B : *Ya. Sejak zaman purba lagi emas dipandang mulia dan tinggi sebagai sesuatu yang mempunyai unsur hikmat dan penuh rahsia. Dalam semua kerajaan besar pada zaman dahulu emas telah digunakan dalam upacara keagamaan dan digunakan juga untuk menghormati golongan raja.*

A : *Oh begitu. Tentu ramai yang pasti berusaha mencari emas.*

B : *Akibat daripada usaha mencari dalam abad kelima belas, Mexico dan Peru telah ditakluki dan tamadun purba kaum Inca dan Aztec telah musnah. Kedua negara ini ditakluki oleh Sepanyol kerana terdapatnya emas di sana.*

A : *Emas melambangkan tanda cinta.*

B : *Sejak dahulu kala lagi emas telah menjadi barang perhiasan yang indah. Malah, memakai barang kemas mungkin salah satu daripada tradisi tertua manusia yang masih hidup hingga kini.*

A : *Bingkisan emas memang mencerminkan sifat-sifat abadi logam bernilai itu sendiri. Ia sentiasa menjadi lambang kasih dan taat setia yang berkekalan.*

B : *Ya. Walaupun adat resam saling bertukar ganti namun hantaran emas dalam perkahwinan yang bermula sejak lama dahulu dan merupakan adat tertua, masih lagi wujud hampir di merata tempat di muka bumi ini.*

A : *Emas adalah benda yang mengkagumkan sekali.*

B : *Memang benar.*

Vocabulary

mempesonakan	captivates, impresses
zaman purba	olden days
upacara	ceremony
ditakluki	conquered
perhiasan	decoration
Malah	in fact
hingga kini	till now
taat setia	loyal
warisan	heritage
mengkagumkan	amazed
umat manusia	mankind
unsur hikmat	magical traits, super power
tanda cinta	symbol of love
indah	lovely
tertua	oldest
sifat-sifat	characteristics
wujud	existed
sebahagian dari	part of

132

Lapangan Terbang Alor Setar

A : *Beratus-ratus juta ringgit dibelanjakan bagi membaiki lapangan terbang yang sedia ada.*

B : *Usaha ini bertujuan mewujudkan satu sistem perkhidmatan udara yang cekap dan licin untuk kemudahan penumpang-penumpang.*

A : *Sistem perkhidmatan udara tidaklah boleh dianggap sebagai satu kemewahan untuk orang-orang berada sahaja.*

B : *Benar. Ia merupakan satu keperluan asas, terutama sekali penduduk-penduduk luar bandar yang tidak ada pilihan pengangkutan lain.*

A : *Ia juga merupakan alat untuk menyatupadukan rakyat dalam negara kita, sama ada di antara satu negeri dengan negeri lain, ataupun di antara penduduk luar bandar dengan bandar.*

B : *Wang yang dibelanjakan adalah bagi faedah rakyat jelata. Pembinaan terminal baru di Lapangan Terbang Alor Setar baru-baru ini menelan belanja $2 juta.*

A : *Wang yang dibelanjakan menasabah. Landasan kapal terbang itu dibesarkan serta dilengkapkan dengan lampu-lampu untuk membolehkan pendaratan waktu malam.*

B : *Adakah rancangan membina lapangan terbang yang baru?*

A : *Sebuah lagi lapangan terbang akan dibina di Pulau Langkawi, Kedah.*

B : *Baguslah. Langkah ini baik memandangkan kemajuan penerbangan awam dan pengangkutan udara di negara kita.*

Vocabulary

dibelanjakan	is spent
bertujuan	is aimed at
perkhidmatan	service
penumpang-penumpang	passengers
dianggap sebagai	regarded as
orang-orang berada	the wealthy
keperluan asas	basic needs
terutama sekali	particularly
luar bandar	rural
pengangkutan	transport
di antara	between
baru-baru ini	recently
dilengkapkan	equipped
pendaratan	landing
akan dibina	will be built
pengangkutan udara	air transport

133

Kemajuan Bidang Perubatan

A : *Bidang perubatan kian maju dengan terciptanya berbagai peralatan moden yang amat berfaedah untuk kegunaan manusia.*

B : *Ya. Ahli perubatan moden menghadapi suatu tugas berat untuk mengadakan anggota-anggota gantian palsu. Hasilnya orang buta dapat melihat, orang pekak dapat kembali mendengar dan orang kudung mendapat tangan dan kaki.*

A : *Pelbagai alat baru telah diperkenalkan pada zaman sekarang.*

B : *Ya. Di antaranya ialah susunan perkataan bercetak atau braille yang sesuai untuk mereka yang buta. Suara televisyen diubahsuai ke bentuk-bentuk sarikata untuk orang-orang yang pekak.*

A : *Kemajuan dalam bidang perubatan sungguh mengkagumkan.*

B : *Benar. Penggunaan elekrod pula berupaya memulihkan penglihatan mereka yang buta.*

A : *Kesimpulannya teknologi baru membolehkan mereka yang terjejas penglihatan kembali melihat, yang pekak kembali mendengar manakala yang kudung kembali merasa dan mengawal pergerakan masing-masing. Siapakah pereka itu?*

B : *Horst Buckner dianggap paling berjaya dalam bidang pembedahan plastik dan penciptaan anggota-anggota palsu.*

A : *Jasa Horst Buckner patut disanjung.*

B : *Sumbangan beliau sungguh besar. Langit-langit dan gigi palsu ciptaan beliau dapat mengelokkan raut wajah seseorang. Sambutan terhadap kejayaan ini memaksa beliau bekerja sepanjang masa untuk memenuhi permintaan yang banyak itu. Usaha baik Horst Buckner patut dipuji.*

Vocabulary

Bidang perubatan	medical field
amat berfaedah	very useful
suatu tugas	a task
dapat melihat	can see
Pelbagai	various
Antaranya	amongst
sesuai	suitable
Suara	voice
diubahsuai	adapted
penglihatan	eye sight
pekak	deaf
manakala	where as
paling berjaya	very successful
Sumbangan	contribution
gigi palsu	false teeth
kejayaan	success
permintaan	demand

134

Pertandingan Lumba Kuda

A : *Dengar khabar pertandingan lumba kuda masih hebat di England. Bila pertandingan ini bermula di negara itu?*

B : *Di England, lumba kuda yang pertama kali telah diadakan di Court of King Edgar pada tahun Masehi 957.*

A : *Benarkah perlumbaan kuda merupakan pertandingan yang popular ketika England di bawah pemerintahan Richard I.*

B : *Benar. Setiap pemenang dalam pertandingan dianugerahkan dengan berbagai bentuk hadiah, misalnya pada masa pemerintahan James I, hadiah berupa loceng diberikan. Seterusnya pada zaman Charles II pula hadiah lumba kuda telah diubah kepada piala dan permata.*

A : *Bagaimana pula di Greek?*

B : *Negara Greek merupakan negara yang bertamadun tinggi pada zaman lampau. Di sana diadakan juga pertandingan lumba kuda. Temasya sukan Greek di Olympia diadakan setiap empat tahun sekali. Pertandingan lumba kuda di antara pahlawan-pahlawan yang mempunyai empat ekor kuda telah mendapat sambutan yang paling hangat berbanding dengan lain-lain acara yang dipertandingkan di sukan tersebut.*

A : *Bagaimana pula di Perancis dan Jerman?*

B : *Di Perancis pula pertandingan lumba kuda mula diperkenalkan oleh Louis XIV pada tahun 1681. Kemudian pada tahun 1822, perlumbaan kuda pertama kali dijalankan di negeri Jerman.*

Vocabulary

lumba kuda	horse racing
masih hebat	still very popular
pertandingan	competition
pertama	the first
ketika	at the time
pemerintahan	rule, reign
dianugerahkan	given
misalnya	for example
hadiah	prize
loceng	bell
telah diubah	was changed
permata	jewel
bertamadun	civilized
Temasya	public entertainment
pahlawan-pahlawan	warriors

135

Dasar Ekonomi Baru

A : *Nampaknya Dasar Ekonomi Baru menjadikan rakyat lebih berusaha dan giat bekerja.*

B : *Sebenarnya Dasar Ekonomi Baru menanamkan semangat perjuangan. Pertumbuhan ekonomi mestilah mendahului pembangunan. Pertumbuhan ekonomi tanpa pembangunan pula tak mungkin terjadi.*

A : *Benar juga. Pembangunan tanpa pertumbuhan ekonomi adalah mustahil.*

B : *Di negara-negara Dunia Ketiga termasuk negara kita pembangunan dan pertumbuhan ekonomi adalah penting kerana ia merupakan persoalan untuk mengatasi masalah-masalah besar masyarakat yang sedang membangun. Contohnya pembasmian kemiskinan yang membawa kesan secara langsung ke atas politik dan sosial.*

A : *Ya. Di Malaysia kemiskinan merupakan satu masalah besar. Sebab itulah Dasar Ekonomi Baru dilancarkan dan salah satu daripada matlamatnya ialah untuk menghapuskan kemiskinan.*

B : *Pendapat saudara tepat sekali. Dasar Ekonomi Baru dilancarkan kerana strategi pembangunan yang dijalankan sebelumnya kurang berkesan untuk menghapuskan kemiskinan dan kurang berjaya untuk memajukan orang-orang Melayu dalam sektor ekonomi terutamanya dalam bidang perdagangan dan perindustrian.*

A : *Kalau kita tinjau secara terperinci, kita akan dapat banyak kesan-kesan positif yang akan timbul daripada Dasar Ekonomi Baru. Orang-orang Melayu khasnya dan kaum-kaum lain amnya akan lebih giat untuk memajukan ekonomi mereka.*

Vocabulary

giat	active
perjuangan	struggle
Mestilah mendahului	should supercede
Pertumbuhan	growth
mustahil	impossible
adalah penting	is important
pembasmian	eradication
kesan langsung	direct effect
dilancarkan	launched
salah satu	one of
menghapuskan	wipe out
secara terperinci	meticulously
kaum-kaum lain	other races

Pakaian Batik

A : *Pakaian batik mempunyai keistimewaan yang tersendiri.*

B : *Pakaian batik memang terkenal di negara kita. Pereka-pereka fesyen serta pencipta batik telah berusaha sedaya-upaya menghasilkan ciptaan mereka yang bersesuaian dengan kehendak dan keadaan semasa.*

A : *Dengar khabar, rekaan terbaru ialah menerapkan corak batik ke atas kain baldu.*

B : *Ya. Corak batik ini boleh dipelbagaikan dari jenis kain murah dan mahal.*

A : *Ianya direka khusus untuk para peminat kain baldu.*

B : *Benar. Ianya selesa dipakai pada waktu malam di mana cahaya lampu akan menambahkan seri wajah pemakainya.*

A : *Selain dari itu pereka fesyen juga mencipta batik dari kain-kain nipis yang sesuai dipakai dalam semua keadaan dan masa dengan potongan menarik.*

B : *Batik tetap menjadi ciptaan yang indah. Corak batik tidak akan luput oleh zaman kerana ia tetap berubah-ubah dan warnanya turut mengikuti perkembangan zaman dan citarasa para pembeli, dalam dan luar negeri.*

A : *Walaupun negara kita bukan negara pengeluar batik terbesar dan terkemuka di dunia tetapi ciptaannya mempunyai identitinya tersendiri.*

B : *Moga-moga perusahaan batik dalam negara kita berkembang dengan lebih pesat lagi.*

Vocabulary

keistimewaan	speciality
terkenal	well-known

sedaya-upaya	as far as one is able
bersesuaian	suitable
kehendak	wish
terbaru	recent
corak	pattern
murah	cheap
mahal	dear
khusus	particularly
selesa	comfortable
kain-kain nipis	thin cloths
keadaan	condition
ciptaan	invention
berubah-ubah	changing
citarasa	taste
pengeluar	producer
perusahaan	industry
dengan pesatnya	swiftly

137

Kota Famosa

A : *Kota Famosa di Melaka sungguh indah.*
B : *Ya. Bangunan itu mempunyai sejarahnya. Para sejarawan akan pergi ke Belanda untuk mengkaji peta binaan Famosa.*
A : *Mengapa?*
B : *Ada rancangan untuk menggali terowong yang menghubungi kota itu dengan gereja-gereja di Bukit St. Paul dan Bukit St. John.*
A : *Projek itu baik dari segi sejarah dan pelancongan.*
B : *Ya. Terowong antara pintu kota itu dengan Bukit St. John dipercayai dibina di kawasan terdirinya bangunan-bangunan penting sekarang seperti Kelab Melaka, Sekolah St. Francis dan bangunan-bangunan kediaman di sepanjang Jalan Bandar Hilir.*
A : *Begitu. Pakar kejuruteraan dan arkitek sewajarnya merundingkan agar bangunan itu tidak roboh.*
B : *Terowong yang menghubungi pintu kota itu dengan Bukit St. Paul tidak menjadi masalah kerana tidak ada bangunan sekitarnya.*
A : *Dengar khabar, projek ini memerlukan belanja yang besar. Sekiranya dapat digali terowong antara pintu kota itu dengan Bukit St. Paul sudah cukup untuk menarik pelancong-pelancong.*
B : *Benar. Terowong itu dibina oleh tentera Belanda selepas menawan Melaka dari Portugis, sebagai sistem pertahanan menentang serangan penduduk tempatan dan kemudiannya serangan Inggeris.*
A : *Tambahan pula lukisan mural di kiri kanan terowong memaparkan sejarah pemerintahan Melaka dari zaman pemerintahan Portugis tahun 1511 – 1640, Belanda 1641 – 1824 hingga pemerintahan Inggeris dan pencapaian kemerdekaan negara.*

Vocabulary

sungguh indah	very lovely
Para sejarawan	historians
peta	map
menggali	to dig
terowong	tunnel
gereja-gereja	churches
dipercayai	is believed
sepanjang	along
roboh	collapse
menghubungi	connect
menjadi masalah	become a problem
oleh tentera	by the army
serangan	attack
pencapaian	achievement
kemerdekaan	independence

138

Lukisan Batik

A : *Lukisan batik kita perlu disebarkan ke luar negeri.*
B : *Ya. Negara kita mempunyai ramai bilangan pelukis bertaraf antarabangsa yang boleh dibanggakan. Malahan banyak di antara hasil karya pelukis kita kini telah mula mendapat tempat di kalangan masyarakat Barat.*
A : *Kejayaan para pelukis kita dalam berbagai seni sama ada abstrak mahupun moden bukan saja mempunyai nilai-nilai yang tinggi, tetapi tidak ketinggalan mereka dapat menyerapkan seni-seni tradisional.*
B : *Saya lebih meminati lukisan batik kerana ia adalah warisan nenek-moyang kita yang perlu diperkenalkan bukan sahaja di peringkat kebangsaan malah di peringkat antarabangsa.*
A : *Ramai yang meminati lukisan batik. Beberapa pameran pernah diadakan bukan di dalam negeri tetapi juga di seluruh Eropah dan Amerika Syarikat.*
B : *Negara-negara itu sungguh meminati seni lukisan batik negara kita kerana ia dicipta dengan teknik yang baru.*
A : *Bagaimana untuk menilai seni lukis?*
B : *Seni lukis tidak ada kelas atasan ataupun bawahan kerana nilai seni adalah dari kacamata orang yang tahu menilainya tetapi bukan kepada mahal atau murahnya harga satu-satu lukisan itu.*

Vocabulary

Lukisan	art, painting
disebarkan	spread
pelukis	artist
masyarakat Barat	Western society
nilai-nilai	value

menyerapkan	assimilate
warisan	heritage
perlu diperkenalkan	should be introduced
kebangsaan	national
malahan	in fact
pameran	exhibition
menandingi	with par with
atasan	superior
bawahan	inferior
harga	cost, price, worth
satu-satu lukisan	any paintings

139

Mata Pelajaran Sejarah

A : *Saya rasa generasi muda sepatutnya mempelajari sejarah tanahair secara mendalam.*

B : *Mata pelajaran sejarah memang perlu diajar dan diberi keutamaan supaya generasi muda menyedari segala perjuangan untuk mencapai kemerdekaan.*

A : *Bagi generasi muda, pengorbanan kerajaan dan pemimpin negara dalam mengenang kembali sejarah gemilang bangsa bukan satu perkara luar biasa.*

B : *Ya, sebab mereka dibesarkan selepas zaman merdeka dan negara sudah membangun dengan pesat.*

A : *Tambahan pula mereka tidak mengalami pahit-maungnya perjuangan bangsa kita untuk mencapai kemerdekaan.*

B : *Ya. Pada zaman penjajahan dahulu, pelajaran Melayu hanya setakat darjah enam sahaja. Penuntut-penuntut dari aliran Melayu pula tidak diberi peluang untuk melanjutkan pelajaran di peringkat yang lebih tinggi.*

A : *Apakah nama pusat pengajian Melayu yang paling tinggi pada waktu itu?*

B : *Pusat pengajian yang menggunakan Bahasa Melayu masa itu ialah Maktab Perguruan Sultan Idris, Tanjung Malim.*

A : *Kini negara sudah dua puluh lima tahun merdeka dan dalam tempoh ini, berbagai-bagai perubahan dan kemajuan tercapai dalam bidang ekonomi, pelajaran, keselamatan dan sebagainya.*

B : *Ya. Sebuah unit atau badan khas juga dibentuk bagi mengendalikan peluasan pengunaan tulisan Jawi ke seluruh negara.*

A : *Baguslah.*

Vocabulary

generasi muda	young generation
tanahair	native land
sejarah diajar	history is taught
pahit-maung	hardships
perjuangan	struggle
pengorbanan	sacrifice
luar biasa	extraordinary
dibesarkan	brought up
bukan satu perkara	not a matter
merdeka	independence
mengalami	experience
setakat	limited to
lebih tinggi	higher
pusat	centre
perubahan	changes
keselamatan	safety

140

Bank Islam

A : *Bank Islam pasti akan menguntungkan rakyat.*
B : *Ya. Kejayaannya terbukti di Arab Saudi, Mesir dan Jordan.*
A : *Berapakah modal Bank itu?*
B : *Modal yang dibenarkan ialah M$500 juta. Buat permulaan, modal yang dibayar berjumlah M$100 juta. Pada peringkat awal semua saham bank itu akan dipegang oleh kerajaan dan badan-badan di bawahnya.*
A : *Nampaknya orang awam belum dibolehkan memiliki saham dalam bank itu?*
B : *Walau bagaimanapun berbagai jenis akaun disediakan untuk orang ramai.*
A : *Bila penubuhan Bank ini dibincangkan?*
B : *Idea untuk menubuhkan Bank Islam ini sudah lama tetapi dalam Kongres Ekonomi Bumiputera 1980 barulah projek ini dibincangkan secara mendalam.*
A : *Begitu! Langkah yang baik ini sangat wajar diambil.*
B : *Jawatankuasa Kebangsaan Penubuhan Bank Islam ditubuhkan untuk mengkaji bank ini dari segala aspek.*
A : *Baguslah jika kajian mendalam telah dibuat.*
B : *Menurut kajian-kajian awal di peringkat antarabangsa, Bank-bank Islam yang ditubuhkan di negara-negara Timur Tengah telah menunjukkan sistem Bank Islam ini berjalan dengan memuaskan. Pulangan modal kepada para pelabur adalah lebih tinggi di beberapa buah Bank Islam jika dibandingkan dengan bank-bank perdagangan yang lain.*
A : *Mengapakah keadaan ini berlaku?*
B : *Ini adalah kerana pelabur-pelabur di bank ini mendapat keuntungan terus dari kegiatan-kegiatan perusahaan dan perdagangan melalui perkongsiannya*

dengan bank, sedangkan dalam sistem bank yang lain baki dari faedah diambil oleh bank itu sendiri.

Vocabulary

Kejayaannya	its success
terbukti	has been proved
modal	capital
dibenarkan	allowed, permitted
saham	share
dipegang oleh	hold by
disediakan	is prepared
penubuhan	formation
dibincangkan	discussed
sudah lama	long ago
secara mendalam	in-depth
Jawatankuasa	committee
mengkaji	to study
segala aspek	all aspects
dengan memuaskan	satisfactorily
pulangan	return
para pelabur	investors
keadaan	situations
terus dari	direct from
bank biasa	ordinary bank

141

Nyamuk Aedes

A : *Benarkah nyamuk aedes betina sahaja yang menghisap darah manusia, sedangkan nyamuk jantan tidak?*

B : *Ya. Nyamuk jantan lebih gemar menghisap cairan tumbuh-tumbuhan. Oleh itu nyamuk aedes betina harus kita awasi.*

A : *Apakah perbezaan antara aedes jantan dengan aedes betina?*

B : *Perbezaan antara aedes betina dan aedes jantan boleh kita lihat pada bahagian kepalanya. Antena aedes jantan lebih besar daripada antena aedes betina. Perbezaan juga terdapat pada palpa. Palpa aedes jantan menjulur panjang sedangkan palpa aedes betina pendek.*

A : *Apakah perbezaan-perbezaan yang lain?*

B : *Aedes betina biasanya hidup di dalam rumah sedangkan aedes jantan hidup di luar rumah. Aedes betina biasanya menggigit pada waktu siang dan awal petang. Selepas menghisap darah dari tubuh kita, ia pun hinggap pada pakaian-pakaian yang tergantung di ruang-ruang gelap.*

A : *Bagaimanakah pula aedes jantan?*

B : *Aedes jantan juga menggigit pada waktu siang dan awal petang di tempat-tempat terlindung seperti dalam taman, di bawah pokok dan sebagainya.*

A : *Oh, begitu!*

B : *Meskipun terdapat perbezaan, masing-masingnya menghasilkan telur yang sama sahaja iaitu memanjang, warna hitam, berlapis-lapis. Pada setiap kali bertelur, aedes ini boleh menghasilkan enam puluh hingga tujuh puluh butir, kadang-kadang menghasilkan sampai seribu butir telur dalam tempoh sebulan.*

B : *Dahsyat benar.*

Vocabulary

menghisap	suck
darah	blood
sedangkan	while
cairan	liquid
tumbuh-tumbuhan	vegetation
harus kita awasi	we should be aware of
perbezaan	difference
lebih besar daripada	bigger than
menjulur	stretch out
menggigit	bite
tubuh	body
pakaian-pakaian	clothing
ruang-ruang gelap	dark spaces
waktu siang	day time
petang	evening
dalam taman	in the garden
warna	colour
setiap kali	every time
seribu butir telur	a thousand eggs

142

Alat Pandang Dengar

A : *Pada masa ini penggunaan bahan dan alat pandang dengar menjadi penting.*

B : *Ini adalah disebabkan oleh perubahan kurikulum dan kaedah pelajaran moden yang menitikberatkan penggunaan berbagai-bagai jenis bahan dan alat selain daripada buku teks.*

A : *Ramai berpendapat penggunaan bahan dan alat pandang dengar yang sesuai boleh membantu proses pengajaran dan pembelajaran menjadi lebih menarik dan berkesan.*

B : *Saya rasa, bahan dan alat pandang dengar seperti kaset, slaid, televisyen, gambar dinding, carta dan sebagainya merupakan alat penting untuk menyampaikan ilmu dan maklumat. Pembekalan bahan dan alat ini amat wajar dijadikan sebahagian daripada perkhidmatan perpustakaan sekolah.*

A : *Dengar khabar kebanyakan sekolah yang besar terdapat Pusat Sumber, Pusat Pelbagai Media, Pusat Bahan Pengajaran dan Pusat Perpustakaan Sumber.*

B : *Kemajuan ini merupakan satu petanda baik. Mengikut tradisi, perpustakaan sekolah memainkan peranan penting sebagai pusat maklumat yang membekalkan buku-buku dan majalah-majalah untuk keperluan murid-murid dan guru-guru.*

A : *Bahan-bahan adalah asas untuk perkhidmatan Perpustakaan Sumber.*

B : *Ya. Tanpa bahan, Perpustakaan Sumber itu tidak membawa erti, walaupun bangunannya indah dan alat perabotnya menarik.*

A : *Dalam usaha menubuhkan sebuah Perpustakaan Sumber, keutamaan patutlah diberi untuk memperbanyak dan mempelbagaikan bahan-bahan ini.*

B : *Ya.*

Vocabulary

penggunaan	utilization
alat pandang dengar	visual aids
perubahan	changes
selain daripada	besides
boleh membantu	can assist
pengajaran	teaching
lebih menarik	more interesting
berkesan	effective
gambar dinding	wall picture
carta	chart
maklumat	information
perkhidmatan	service
petanda baik	good sign
pusat maklumat	centre of information
membekalkan	provide
majalah-majalah	magazines
memperbanyak	to increase
mempelbagaikan	to diversify

143

Masalah Pengangguran

A : *Ramai orang di seluruh dunia tidak mendapat pekerjaan kerana bilangan penduduk bertambah dengan pesat.*

B : *Sebenarnya pengangguran menjadi satu masalah besar di setiap negeri maju ataupun negeri yang tidak maju.*

A : *Tapi, demi kepentingan negara, kerajaan patutlah mencari langkah untuk memberi pekerjaan kepada rakyat yang menganggur.*

B : *Kerajaan kita giat mengambil langkah yang sewajarnya agar penganggur tidak menjadi beban kepada kerajaan.*

A : *Benar. Perusahaan baru dibuka di merata-rata tempat untuk memberi peluang kepada ramai orang untuk bekerja di kilang-kilang. Di Pulau Pinang misalnya, ramai orang berpeluang bekerja di kilang-kilang yang dibina dekat Bayan Lepas.*

B : *Pembinaan kilang-kilang itu berjaya mengurangkan bilangan penganggur di Pulau Pinang.*

A : *Saya rasa, orang ramai juga patut bekerjasama dengan kerajaan untuk mengatasi masalah pengangguran. Jika bilangan penduduk tidak dirancangkan dan tidak disekat, pengangguran tidak boleh dikurangkan.*

B : *Pemuda-pemuda juga patutlah sanggup bekerja di mana-mana saja. Kadangkala pengangguran disebabkan ada di antara belia-belia kita tidak mahu merantau ke negeri-negeri lain untuk bertugas.*

A : *Ya. Kerajaan Sabah berkehendakkan beribu-ribu orang pekerja untuk memajukan perusahaan kayu-kayan di sana.*

B : *Lagi pula pemuda-pemudi sekarang enggan membuat kerja yang berat. Ramai yang hanya berminat bekerja*

di pejabat yang berhawa dingin.
A : *Sikap ini perlu diubah dengan segera.*

Vocabulary

tidak mendapat	not able to get
bilangan	number
kepentingan	interest, welfare
mencari	to find
yang menganggur	who are unemployed
sewajarnya	appropriate
beban	burden
kepada kerajaan	to the government
di merata-rata	every where
ramai orang	many people
orang ramai	public
Jika bilangan	if the number
pengangguran	unemployment
Kadangkala	at times
sanggup bekerja	willing to work
berkehendakkan	required badly
enggan	reluctant
Sikap ini	this attitude
perlu diubah	should change

144

Penggunaan Robot

A : *Nampaknya robot kini boleh mengganti manusia dalam melakukan kerja-kerja tertentu.*

B : *Kemajuan sains dan teknologi kini tidak boleh dinafikan. Kebanyakan kemajuan yang dicapai memberi kemudahan kepada manusia. Ini adalah hasil daripada kebijaksanaan ahli-ahli sains.*

A : *Ya. Kalau zaman dahulu untuk sampai ke sesuatu tempat memakan masa yang lama, tetapi kini mengambil masa cuma beberapa jam sahaja.*

B : *Manusia tidak perlu lagi mengeluarkan tenaga yang banyak untuk mendapatkan sesuatu, memadailah dengan memetik suis sahaja, dan segala-gala berjalan dengan baik.*

A : *Jepun kini merupakan sebuah negara yang begitu giat mencipta kemajuan teknologi, hinggakan robot-robot dicipta khusus untuk memudahkan orang ramai.*

B : *Robot ini bukan sahaja dicipta untuk membantu manusia, tetapi robot juga boleh melakukan kerja-kerja yang boleh mengurangkan belanja atau kos sesebuah syarikat itu.*

A : *Di samping itu robot juga dicipta untuk menjadi teman penghibur yang boleh memainkan sesebuah alat muzik dan menyanyi. Ada juga robot yang menyerupai bintang-bintang filem yang popular.*

B : *Ya. Inilah keistimewaan robot. Baru-baru ini pereka dan pencipta di Jepun telah mencipta sejenis alat yang boleh memandu orang buta berjalan.*

A : *Pendeknya sekarang berbagai kemudahan telah dicipta untuk orang ramai khususnya untuk suri rumahtangga.*

Vocabulary

boleh mengganti	can replace
Kemajuan	progress
Kebanyakan	most
kebijaksanaan	intelligence
zaman dahulu	olden days
cuma beberapa	only several
dicipta	invented
memudahkan	simplify
tidak perlu	not necessary
memadailah	just sufficient
memetik	to press
suis	switch
segala-gala	every thing
begitu giat	very active
penghibur	entertainer
sejenis alat	a kind of tool
boleh memandu	can guide
menyerupai	resembling
Pendeknya	in short
berbagai kemudahan	various facilities

145

INTAN

A : Kemelesetan ekonomi menyebabkan beberapa projek terpaksa ditangguhkan.

B : Kita mesti menerima cabaran. Kemelesetan ekonomi sekarang tidak akan memberi kesan yang besar sekiranya negara mempunyai kecekapan pengurusan dan teknologi yang tinggi mutunya.

A : Institut Tadbiran Awam Negara atau INTAN boleh memainkan peranan penting.

B : Ya. Kecekapan pengurusan dan teknologi perlu untuk mengurus kemudahan-kemudahan yang makin terhad akibat tekanan ekonomi dunia.

A : INTAN mestilah dilengkapkan dengan tenaga yang berkeupayaan bukan sahaja dari kalangan pegawai-pegawai tempatan tetapi juga dari kalangan tenaga pengajar yang dipinjam dari institusi-institusi latihan dan pendidikan dari negara-negara lain.

B : Ya. INTAN juga haruslah memainkan peranan yang lebih besar dengan membuka pintu kepada negara-negara yang sedang membangun terutama negara-negara Pasifik Selatan dan Afrika.

A : Kita harapkan agar INTAN akan menambah stok kemahiran pengurusan dengan mengadakan hubungan erat dengan institusi-institusi latihan di luar negeri.

B : INTAN juga haruslah menyediakan peluang untuk perbincangan yang rapi di antara pegawai-pegawai kerajaan dan swasta untuk menghasilkan idea-idea baru. Ini akan menambahkan perbendaharaan ilmu dan teknik-teknik pengurusan yang ada pada INTAN.

A : Benar. Menjelang tahun-tahun muka INTAN akan menambah bilangan peserta-peserta kursus dan latihannya.

Vocabulary

Kemelesetan	recession
cabaran	challenge
kesan	impact
pengurusan	management
perlu	necessary
hubungan	connection
mengurus	manage
terhad	limited
tekanan	pressure
dipinjam	borrowed
antarabangsa	international
peluang	opportunity
terutama	particularly
perbendaharaan	treasure
peserta-peserta	participants

146

Buku Dalam Bahasa Malaysia

A : *Kekurangan bahan bacaan dalam Bahasa Malaysia tidak boleh dibiarkan.*

B : *Ya. Tindakan wajar perlulah diambil untuk mengatasi kekurangan buku-buku dalam Bahasa Malaysia.*

A : *Kekurangan ini merupakan salah satu sebab mengapa pembangunan perpustakaan awam di seluruh negara, khususnya di luar bandar menjadi lembap.*

B : *Benar. Hanya kira-kira tujuh ribu judul dapat dibeli untuk koleksi perpustakaan sepanjang empat belas tahun ini.*

A : *Cerdik pandai dari institusi-institusi pengajian tinggi, badan-badan kerajaan dan swasta sewajarnya tampil ke hadapan untuk menyumbangkan tenaga bagi menambahkan lagi penerbitan buku-buku dalam Bahasa Malaysia.*

B : *Kini langkah-langkah tegas telah pun diambil untuk menerbitkan buku-buku dalam Bahasa Malaysia.*

A : *Atas daya usaha perpustakaan awam para pengumpul karya-karya penulis-penulis tempatan telah diberi peluang menerbitkan karya mereka mengenai negara ini. Secara tidak langsung bilangan karya-karya penerbitan dalam Bahasa Malaysia dapat ditambahkan.*

B : *Kita berharap usaha untuk mengesan dan mendapatkan bahan-bahan penerbitan sebelum tahun 1966 yang masih banyak tersimpan di institusi luar negeri akan berjaya.*

A : *Orang ramai juga perlu berhubung dengan pihak perpustakaan sekiranya mereka mempunyai manuskrip lama, untuk tujuan penyelidikan.*

B : *Mereka patut berbuat begitu.*

Vocabulary

bahan bacaan	reading material
Tindakan wajar	appropriate action
judul	title
pembangunan	development
luar bandar	rural
menjadi lembap	aggravated
tampil ke hadapan	come forward
menyumbangkan	contribute
menerbitkan	publish
penulis-penulis tempatan	local writers
tujuan	purpose, aim
karya-karya	literary works
Kita berharap	we hope
penyelidikan	research
patut berbuat	should do

Barang-Barang Perhiasan Tembaga

A : *Ramai orang gemar barang-barang tembaga.*
B : *Ya. Barang-barang tembaga lama dari India menjadi hiasan utama di kebanyakan rumah. Tembaga adalah salah satu di antara barang perhiasan yang halus ukirannya.*
A : *Perhiasan tembaga sungguh menarik.*
B : *Ya. Untuk menghasilkan satu ukiran yang bermutu dan cantik seseorang pengukir tembaga haruslah sabar dan tabah hati, kerana tugas itu bukan mudah. Ia juga memakan waktu yang lama.*
A : *Sungguhpun begitu harganya murah. Siapakah yang memperkenalkan barang-barang tembaga ke negara kita?*
B : *Dalam kurun kelima belas pedagang-pedagang dari India telah memperkenalkan barang-barang tembaga ini ke sini untuk kegunaan dapur sama ada untuk kegunaan sendiri mahupun untuk perhiasan ketika menyambut tetamu-tetamu istimewa.*
A : *Mungkin tembaga masuk ke negara ini ketika Tun Perak menjadi Bendahara Melaka.*
B : *Ya. Itulah zaman kegemilangan dalam sejarah negara kita.*
A : *Barang-barang tembaga banyak dimiliki oleh golongan yang berpendapatan tinggi.*
B : *Masyarakat biasa pun menggunakannya, terutama di dalam istiadat-istiadat tertentu seperti peminangan dan persandingan. Negeri Kelantan dan Terengganu telah menghasilkan ukiran-ukiran tembaga begitu banyak sekali.*
A : *Baguslah. Masyarakat kita meminati keindahan seni ukiran tembaga.*
B : *Ya. Pelbagai bentuk dijadikan perhiasan rumah*

seperti dulang, tepak sirih, cawan, bekas air dan sebagainya.

Vocabulary

tembaga	brass
hiasan utama	main decoration
kebanyakan rumah	most houses
salah satu	one of
harganya murah	it is cheap
ukiran	carving
yang bermutu	of quality
haruslah	should be
sabar	patient
bukan mudah	not easy
pedagang-pedagang	traders
kegunaan sendiri	own consumption
tetamu-tetamu	guests
zaman kegemilangan	golden age
sejarah negara	national history
dimiliki oleh	owned by
Masyarakat biasa	man in the street
ukiran	carving

148

Perpaduan Rakyat

A : *Perpaduan amat penting dalam negara kita yang berbilang bangsa.*

B : *Ya. Perkauman bukan sahaja dapat memecah-belahkan masyarakat tetapi boleh juga mengancam kemakmuran negara.*

A : *Benar. Tanpa adanya sifat saling hormat-menghormati antara satu sama lain tanpa mengira agama, kaum dan bangsa, sesebuah negara itu tidak dapat mengecap keamanan hidup atau kemesraan sesama rakyat.*

B : *Rakyat yang cintakan keamanan, wajiblah menjauhi dari dipengaruhi fahaman asing yang boleh menjejaskan perpaduan.*

A : *Fahaman politik perlulah bersih serta tegas dengan berunsurkan demokrasi.*

B : *Politik boleh membawa kesan buruk. Selama ini walaupun tidak berlaku sebarang kekecohan, kita perlu juga berhati-hati agar kekecohan tidak terjadi kerana ianya akan melahirkan kesan yang buruk sekali, bukan sahaja kepada masyarakat tetapi juga kepada negara.*

A : *Ya. Rakyat negara ini hendaklah berganding bahu menyokong penuh usaha-usaha murni Perdana Menteri kita dalam memupuk semangat perpaduan di kalangan rakyat berbilang keturunan.*

B : *Sikap kerjasama dan toleransi perlulah dikekalkan.*

A : *Ya. Kejujuran dalam kepimpinan serta keinsafan sebagai warganegara yang setia, pasti akan melahirkan sebuah negara yang kukuh, aman dan makmur.*

B : *Dalam usaha mewujudkan satu masyarakat adil dan bersatu padu, persefahaman hendaklah dititikberatkan.*

A : *Dengan ini barulah jalinan kerjasama dari semua lapisan rakyat jelata akan wujud.*

Vocabulary

berbilang bangsa	multiracial
perkauman	racialism
memecah-belahkan	to divide
kemakmuran	prosperity
sifat	trait
saling menghormati	mutual respect
keamanan	peace
perlulah bersih	should be clean
kesan buruk	adverse effect
sebarang kekecohan	any disturbance
berhati-hati	cautious
menyokong	support
usaha-usaha	efforts
dalam memupuk	in fostering
semangat	spirit
kerjasama	co-operate
sebagai warganegara	as a citizen
persefahaman	understanding
akan wujud	will come into being

149

Sastera Tradisional

A : *Benarkah kemajuan sastera moden telah meninggalkan sastera tradisional ke belakang.*

B : *Tidak semestinya. Nilai sastera tradisional sudah berakar umbi di kalangan masyarakat.*

A : *Sastera moden kini telah meningkat dengan begitu pesat sekali. Dari masa ke masa, penulis baru dan karya-karya mereka dalam berbagai bentuk lahir begitu cepat dan amat membanggakan.*

B : *Kemajuan sastera moden berkembang meninggalkan sastera tradisional jauh ke belakang, seolah-olah timbul situasi yang menjauhkan jarak antara kedua aliran. Mujurlah ada juga peminat-peminat sastera lama.*

A : *Dalam kita membanggakan kemajuan sastera moden, harus juga ingat dan meninjau nasib masa depan sastera tradisional supaya ia akan terus dapat ditatap oleh generasi akan datang.*

B : *Dengan berkurangnya bahan-bahan sastera tradisional, kita menghadapi kekeringan yang begitu terasa dan sukar untuk meninjau kembali karya-karya zaman silam itu. Tapi nilai-nilai falsafah yang terkandung dalam karya-karya tradisional itu amat berguna kepada generasi kini kerana ia mencerminkan identiti tradisi yang tulen.*

A : *Nampaknya sastera tradisional kini seolah-olah bahan bagi para pengkaji di institusi-institusi pengajian tinggi, untuk memperolehi ijazah sarjana sahaja, bukan untuk ditatapi umum.*

B : *Dekad tujuh puluhan adalah masa yang agak menggalakkan dengan lahirnya banyak buku yang khusus memperkatakan sastera tradisional. Haraplah usaha itu berlanjutan terus.*

Vocabulary

Tidak semestinya	not really
sudah berakar umbi	has been rooted
di kalangan masyarakat	in the society
Dari masa ke masa	from time to time
seolah-olah	as if
ada juga	there are still
sastera lama	old literature
Dalam kita	while we. This is also an idiomatic expression.
ditatap oleh	enjoyed by
bahan-bahan	materials
zaman silam	ancient times
mencerminkan	gives an insight of
tulen	genuine
seolah-olah	as if
pengajian	study
agak menggalakkan	rather encouraging
dengan lahirnya	with the advent
memperkatakan	discuss
berlanjutan terus	continues without a hitch

150

Ilmu Ekonomi

A : *Ramai pelajar sungguh minat mempelajari Ilmu Ekonomi.*

B : *Sebenarnya ekonomi sudah menjadi sangat popular, sehingga kita tidak boleh mengelakkan diri dari menyebutnya setiap masa. Ilmu Ekonomi mengajar manusia supaya membuat pemilihan dengan bijaksana.*

A : *Ya. Setiap masa kita menghadapi persoalan-persoalan yang dianggap sebagai persoalan-persoalan ekonomi. Antaranya kita selalu berhadapan dengan persoalan harga barang-barang yang meningkat, iaitu inflasi.*

B : *Ekonomi pun membawa erti peraturan atau hukum rumahtangga. Manusia sering menghadapi dua hal, iaitu kehendak-kehendak yang tidak terbatas di suatu pihak, dan kekurangan di suatu pihak yang lain.*

A : *Kehendak-kehendak manusia adalah terlalu banyak, dan sehingga hampir tidak dapat dipenuhi oleh manusia itu sendiri.*

B : *Benar. Bila kehendak-kehendak itu sudah dipenuhi, kehendak-kehendak lain akan muncul pula.*

A : *Inilah gejala yang sukar diatasi. Sebenarnya kehendak-kehendak manusia tidak terbatas.*

B : *Apa yang penting, manusia menghadapi dua hal iaitu apa yang diperolehinya dan apa yang terpaksa ditinggalkannya. Dia perlu menggunakan budi bicaranya yang wajar dalam pemilihan hal yang sempat memberikan manfaat kepadanya.*

Vocabulary

Ramai pelajar	many students
mempelajari	study. The suffix *-i* gives stress.

sudah menjadi	has become
setiap masa	at all times
pemilihan	choice
dengan bijaksana	wisely
persoalan-persoalan	problems
meningkat	soars up
sering menghadapi	frequently faces
kehendak-kehendak	needs
tidak terbatas	not limited
terlalu banyak	a lot
tidak dapat dipenuhi	cannot be fulfilled
akan muncul	will appear. The word *akan* always denotes future tense.
terpaksa	compelled
manfaat	advantages
budi bicara	discretion
wajar	apt
dalam pemilihan	in the choice

151

Semangat Membaca

A : *Kita perlulah memupuk semangat membaca di kalangan kanak-kanak.*

B : *Tabiat membaca di kalangan kanak-kanak patut disemai dari awal-awal lagi supaya minat membaca berterusan walaupun sesudah tamat persekolahan.*

A : *Tingkat kemajuan pendidikan kita telah mencapai tahap yang boleh dibanggakan. Kadar peratus orang yang boleh membaca juga tinggi. Amat perlulah sikap atau minat terhadap buku dan pembacaan dititikberatkan.*

B : *Ikhtiar yang berkesan mestilah dilaksanakan segera supaya buku boleh membuka pintu dunia pembacaan seluas-luasnya di kalangan kanak-kanak. Kesan yang tegas dalam kesanggupan membaca pasti membantu mereka menjadi manusia yang lebih sempurna.*

A : *Dalam hal ini, wajiblah semua golongan termasuk penerbit, penulis, penjual buku, ibu bapa dan guru, menggembleng tenaga untuk menanam semangat membaca di kalangan kanak-kanak.*

B : *Tapi ada setengah golongan ibu bapa yang tidak berminat dalam soal membeli buku-buku tambahan untuk anak-anak.*

A : *Mungkin, mereka berpendapat hal ini akan mengacau pemikiran anak-anak. Berkemungkinan juga mereka tidak mempunyai wang yang cukup untuk membeli buku-buku itu.*

B : *Semangat membaca di kalangan kanak-kanak perlu dikekalkan. Ibu bapa perlulah mengadakan perpustakaan kecil di rumah yang dilengkapi dengan buku-buku yang penting.*

Vocabulary

memupuk	foster
semangat membaca	reading habit. The word *semangat* literally means spirit.
Tabiat	habit
patut disemai	should be sown
awal-awal lagi	very early
berterusan	continuous. The prefix *ber-* denotes action in progress.
kemajuan	progress. The word *maju* is a verb. The prefix *ke-* and the suffix *-an* change the verb into a noun.
pembacaan	reading
semua golongan	all groups
penerbit	publisher
menggembleng	consolidate
tidak berminat	not interested
buku-buku tambahan	additional books

152

Munsyi Abdullah

A : *Munsyi Abdullah bin Abdul Kadir masih disanjung tinggi.*
B : *Bakat beliau masih dihargai. Munsyi Abdullah ialah seorang pengarang Melayu yang termasyhur. Beliaulah yang mula-mula sekali memberi pendapat-pendapat baru dalam bidang karang-mengarang.*
A : *Mungkin Munsyi Abdullah mendapat asuhan baik tatkala beliau masih kecil lagi.*
B : *Ya. Bapanya seorang guru. Abdullah adalah anak yang bongsu. Ketika berusia tujuh tahun lagi beliau sudah mulai gemar bermain-main dengan kalamnya di rumah.*
A : *Abdullah mungkin pintar dan berakal.*
B : *Ya. Pada suatu hari seorang anak kapal datang mencari bapanya kerana hendak meminta karangkan sepucuk surat. Oleh kerana bapanya tidak ada di rumah, Abdullah memberanikan diri mengarang surat anak kapal itu. Apabila selesai sahaja surat itu, bapanya pun pulang ke rumah.*
A : *Marahkah bapanya?*
B : *Bapanya pura-pura marah. Sebenarnya bapanya berpuas hati dan bersukacita kerana Abdullah telah dapat mengarang surat anak kapal itu sebagaimana yang dikehendaki olehnya.*
A : *Apakah karya Abdullah yang dianggap penting?*
B : *Di antara buku-bukunya yang penting ialah "Hikayat Abdullah", dan "Kisah Pelayaran Abdullah".*

Vocabulary

masih disanjung tinggi	still being held in high esteem
masih dihargai	still being appreciated

termasyhur	famous. The prefix *ter-* gives the added shade of meaning indeed.
pendapat-pendapat baru	new ideas
dalam bidang	in the field
tatkala kecil lagi	while still young
gemar bermain-main	like to play
dengan kalamnya	with his pen. The prefix *-nya* denotes possessive case.
anak kapal	sailor
sepucuk surat	a letter. *Pucuk* is the numerical coefficient for letters and guns. *Se-* means one.
memberanikan diri	had a courage to
Apabila selesai sahaja	when completed
pulang ke rumah	returned home

153

Payung

A : *Payung merupakan salah satu alat penting bagi kita. Siapakah yang pertama sekali mencipta payung?*

B : *Menurut catatan sejarah, payung mula dicipta di negeri China beribu-ribu tahun lampau. Ia merupakan salah satu ciptaan yang menjadi kebanggaan orang China.*

A : *Dengar kata, mula-mula ia hanya diperbuat daripada buluh-buluh kecil dan kertas berminyak dan di atas kertas itu dilukis dengan berbagai lukisan. Lama-kelamaan penggunaan payung merebak ke negeri Thai dan Burma. Apatah lagi tumbuhan buluh banyak terdapat di kedua-dua negara itu. Dengan itu penggunaan payung cepat merebak ke beberapa negara lain sehingga ke Eropah.*

B : *Benarkah orang-orang Barat yang mengubahsuaikan bentuk payung sejak dua abad yang lalu?*

A : *Dengar khabar, begitulah. Sekarang penggunaan payung kian meluas. Ia bukan sahaja dijadikan pelindung dari panas dan hujan tetapi juga digunakan sebagai barang perhiasan. Kadangkala ia digunakan untuk menyerikan berbagai tarian yang sesuai dengannya.*

Vocabulary

pertama sekali	first of all
Menurut catatan sejarah	according to historical record
beribu-ribu tahun lampau	thousands of years ago
diperbuat daripada	made from. The prefix *per-* also denotes emphasis.
kebanggaan	pride
berbagai lukisan	various drawings

Lama-kelamaan	eventually
mengubahsuaikan	adapted
pelindung	shelter
perhiasan	decoration
tarian	dances. The word *tarian* although singular can also be in a plural form according to the sentence.
menyerikan	to enhance

154

Keris

A : *Keris mempunyai keistimewaannya tersendiri.*

B : *Keris dianggap sebagai senjata asli. Pada dahulu kala orang Melayu terkenal dengan pembuatan keris dan juga mempergunakannya sebagai senjata.*

A : *Keris Hang Tuah yang termasyhur itu menurut kepercayaan diperbuat daripada dua puluh jenis campuran galian. Keris Kerajaan Malaysia, alat pertabalan ke bawah Duli Yang Maha Mulia Seri Paduka Baginda Yang Dipertuan Agung adalah hasil leburan sembilan bilah keris negeri-negeri Melayu.*

B : *Tukang keris pada zaman dahulu disanjung dan dimuliakan bukan sahaja oleh orang-orang kebanyakan atau orang besar bahkan oleh raja juga. Pada zaman itu kerislah senjata yang utama.*

A : *Hang Tuah, pahlawan Melayu yang termasyhur itu sungguh pandai menggunakan keris.*

B : *Ramai orang percaya bahawa keris mempunyai kuasa ajaib dan sakti.*

A : *Menurut keterangan Abdullah Munsyi, orang ramai telah diharamkan memakai keris kecuali dua belas orang pengiring Sultan dan Temenggung setelah Kolonel Farquhar kena tikam di Singapura.*

B : *Pada masa ini keris tidaklah lagi digunakan sebagai senjata. Bagi raja-raja Melayu pula keris adalah senjata pakaian rasmi. Di dalam istiadat pertabalan raja-raja Melayu pula keris memainkan peranan yang penting sebagai salah satu daripada alat kerajaan.*

Vocabulary

senjata	weapon
dianggap	is regarded
mempergunakannya	to use it

menurut	according to
pertabalan	installation
diperbuat daripada	made from
sembilan bilah	nine. The word *bilah* is a numerical coefficient for sharp weapons.
bahkan	in fact
utama	main
sungguh pandai	very good at
kuasa ajaib	extraordinary power
kecuali	except
pengiring	guards
kena tikam	stabbed
alat kerajaan	instrument of government

155

Gasing

A : *Gasing merupakan salah satu permainan tradisi yang sangat digemari.*

B : *Permainan ini disukai oleh kanak-kanak dan orang dewasa. Permainan ini dipusakai oleh orang Melayu semenjak zaman-berzaman.*

A : *Benar. Gasing memainkan peranan penting dalam pesta-pesta kesenian.*

B : *Sebenarnya bermain gasing bukan sahaja untuk menghidupkan kembali kesenian lama kita bahkan juga melambangkan perpaduan rakyat.*

A : *Permainan gasing boleh menguatkan semangat kita. Pemain-pemain gasing perlu berwaspada dan cergas kalau inginkan kejayaan.*

B : *Bukan senang main gasing. Setiap gasing yang memangkah dan kena pangkah seharusnya dipelihara untuk menentukan kemenangan dalam sesuatu pertandingan. Apakala gasing-gasing yang dipangkah itu bertebaran, terpaksalah si empunya mengaku kalah.*

A : *Permainan gasing boleh dikatakan sejenis permainan tradisi yang merupakan satu kesenian Melayu yang masih dibanggakan oleh rakyat Malaysia.*

B : *Tradisi dan cara permainan gasing tiap-tiap daerah dan negeri, perlulah dikekalkan dan diperkembangkan dari masa ke masa.*

Vocabulary

Gasing	top
permainan tradisi	traditional game
disukai oleh	liked by
orang dewasa	adults
dipusakai	inherited

semenjak zaman-berzaman	from time immemorial
kesenian lama	ancient art
perlu berwaspada	have to be alert and cautious
Setiap gasing	every top
si empunya	the owner
dibanggakan	feel proud
daerah	district
dikekalkan	preserved
dari masa ke masa	from time to time

Kraftangan

A : *Kraftangan merupakan suatu seni yang menggambarkan pemikiran dan budaya sesebuah masyarakat.*
B : *Ya. Kraftangan mempunyai kegunaan sehari-hari selain daripada menjadi barang hiasan semata-mata.*
A : *Masyarakat kita memang terkenal dengan kesenian dan kraftangannya. Tahap seni dan kemahiran ini bukan sahaja dapat dilihat pada ukiran barang-barang perak, tembaga, anyaman, wau, gasing dan lain-lain, bahkan juga perahu, rumah dan bangunan.*
B : *Sesungguhnya masyarakat kita masyarakat berjiwa seni.*
A : *Kraftangan sekarang ini sumber pendapatan, kerana ia mempunyai nilai ekonomi.*
B : *Perusahaan kraftangan merupakan sumber pendapatan tambahan masyarakat kita.*
A : *Kraftangan kita mempunyai potensi untuk dipasarkan ke pasaran dunia sekiranya kita menyesuaikan sistem pengeluaran serta pasarannya mengikut keperluan masa.*
B : *Benar. Mereka yang mempunyai masa lapang yang banyak, elok memberi perhatian kepada kemajuan industri kraftangan.*
A : *Kerajaan juga menggalakkan pembukaan industri-industri desa yang lebih tersusun, termasuklah perusahaan kraftangan.*

Vocabulary

suatu seni	an art
budaya	culture
kegunaan	uses
terkenal	famous

Tahap	standard
kemahiran	expertise
ukiran	carving
anyaman	weaving
bangunan	building
berjiwa	of the feeling. The prefix *ber-* denotes possession.
sumber pendapatan	source of income
masyarakat kita	our society
potensi	potential
pengeluaran	production
keperluan	needs
masa lapang	free time
pembukaan	opening
termasuklah	including. The suffix *-lah* denotes emphasis.

157

Pemakaian Topi Keledar

A : *Pemakaian topi keledar boleh mengurangkan kemalangan jalan raya.*

B : *Benar. Zaman ini ramai orang yang menggunakan kenderaan. Jalan-jalan raya di mana-mana negeri pun bertali arus. Nahas terus berlaku.*

A : *Kerajaan memperkenalkan serta mewajibkan pemakaian topi keledar dengan tujuan untuk mengurangkan kematian di kalangan penunggang-penunggang motorsikal yang terlibat di dalam kemalangan jalan raya.*

B : *Bilangan penunggang-penunggang motorsikal di negara kita semakin hari semakin bertambah. Tindakan pihak kerajaan patut dipuji.*

A : *Laporan polis menyatakan ramai pemuda menunggang dengan sesuka hati mereka dan menyebabkan berlakunya kemalangan.*

B : *Penunggang-penunggang yang tidak bertanggungjawab bukan sahaja menyusahkan pengguna-pengguna jalan raya yang lain malahan juga menggadai nyawa mereka sendiri.*

A : *Seringkali jalan raya sangat sibuk dengan berbagai kenderaan. Oleh itu penunggang-penunggang motorsikal patut berhati-hati apabila menggunakan motorsikal di jalan raya demi keselamatan mereka dan orang ramai.*

B : *Pada tahun lalu enam ratus dua puluh orang penunggang motorsikal menemui maut di jalan raya akibat cedera parah di kepala. Masalah rumit ini boleh diatasi kalau penumpang-penumpang motorsikal berhati-hati.*

Vocabulary

Pemakaian	wearing
kemalangan	mishaps; accidents
Nahas	an accident
memperkenalkan	introduced
mewajibkan	made it compulsory. The prefix *me-* denotes the verb is transitive. The prefix *-kan* is used to emphasise.
tujuan	aim
bertambah	increase
menyebabkan	cause
sangat sibuk	very busy
Pada tahun lalu	last year
akibat	as the result of
berhati-hati	have to be cautious. The prefix *ber-* denotes a sense of consciousness.

158

Kegunaan Pokok Kelapa

A : *Pokok kelapa merupakan salah satu tanaman yang banyak mendatangkan faedah kepada kita.*
B : *Dalam negara kita banyak pokok kelapa ditanam terutama sekali di tepi laut dan di kampung-kampung. Kesemua bahagian pokok kelapa itu ada gunanya.*
A : *Benar. Buahnya yang tua dicungkil isinya dan dijemur untuk dijadikan kelapa kering. Kelapa kering dikilangkan untuk mengeluarkan minyak kelapa. Air buah kelapa yang muda sedap pula diminum.*
B : *Ramai juga suka memasak lauk bercampur dengan santan kelapa. Daunnya yang muda dibuat pembalut ketupat. Sabutnya dibuat tali; tempurungnya dibuat senduk dan barang-barang perhiasan.*
A : *Perusahaan kelapa dijalankan dengan giatnya. Malah negara kita terkenal dengan dagangan kelapa kering.*
B : *Lagipun pokok kelapa mengindahkan pantai-pantai negara kita. Pokok itu merupakan sebagai lambang mengalu-alukan pelancong ke negara kita.*

Vocabulary

banyak pokok	many trees
ditanam	planted
terutama	particularly
Kesemua	all, completely
dijemur	dried, *di-* is always used to indicate passive action.
gunanya	advantages
dijadikan	made. Note the function of *di-*
dikilangkan	milled
bercampur	mixed

dibuat	made
barang-barang	things
perhiasan	decoration
Malah	in fact
dagangan	merchandise, goods
lambang	symbol
mengalu-alukan	inviting
pelancong	tourist
negara kita	our country

159

Perusahaan Perikanan

A : *Ikan memanglah merupakan sejenis makanan penting untuk rakyat di negara ini kerana 25% bekalan protin kita adalah dari ikan dan udang.*

B : *Perusahaan perikanan perlu diutamakan. Kemudahan-kemudahan perlu diberikan kepada nelayan-nelayan, sebab 60% dari bekalan bahan ini, diperolehi dari laut.*

A : *Ya. Langkah pertama ialah dengan menggalakkan nelayan-nelayan kita pergi lebih jauh ke tengah laut dengan kecekapan dan peralatan yang lebih moden dari apa yang terdapat sekarang.*

B : *Langkah-langkah tegas juga perlu diambil untuk mempertingkatkan lagi usaha membanyakkan lagi membela ikan air tawar dalam kolam serta ikan-ikan yang boleh membiak di air payau.*

A : *Adakah rancangan-rancangan tertentu diambil untuk mengatasi masalah nelayan-nelayan?.*

B : *Kerajaan memang mengambil tindakan yang tegas. Kerajaan sedang membina pusat penyelidikan ikan serantau di Terengganu.*

A : *Itu adalah satu langkah yang wajar.*

B : *Langkah ini tentu akan dapat menambahkan lagi keupayaan negara menambahkan pengeluaran ikan.*

A : *Andai kata pengeluaran berlebihan, pendapatan dari eksport juga akan bertambah.*

B : *Baguslah. Lain-lain industri yang berkaitan dengannya juga akan turut sama berkembang.*

Vocabulary

sejenis makanan	a kind of food
ikan dan udang	fish and prawns
perlu diutamakan	should be given priority

diperolehi dari	obtained from
dengan kecekapan	with skill
mempertingkatkan	to raise
penyelidikan	research
Andai kata	if at all
membanyakkan	to increase
dalam kolam	in ponds
boleh membiak	can breed
masalah nelayan-nelayan	the problems of fishermen
keupayaan	ability
pengeluaran	production
akan bertambah	will increase
yang berkaitan	connected with

160

Penjualan Ubat-ubat Tiruan

A : *Saya rasa penjualan ubat-ubat tiruan yang berleluasa patut disekat dengan segera.*

B : *Ya. Sikap yang lebih berhati-hati di kalangan orang ramai ketika membeli barang keperluan termasuk ubat-ubatan, adalah wajar sekali memandangkan terdapatnya ubat-ubatan tiruan dalam pasaran.*

A : *Usaha pihak polis patut dipuji. Mereka sudah mengambil langkah-langkah positif untuk menyekat penjualan ubat-ubatan tiruan.*

B : *Orang ramai patutlah membeli ubat dari kedai-kedai yang sudah dipercayai atau dari klinik-klinik ubat.*

A : *Orang ramai juga boleh menghubungi pihak yang berkuasa seperti klinik-klinik kerajaan atau pejabat-pejabat Kementerian Perdagangan dan Perindustrian sekiranya terbeli ubat-ubat yang disyaki tiruan.*

B : *Mereka patut melaporkan hal itu demi kepentingan bangsa dan negara.*

A : *Langkah mengawal penjualan ubat-ubat tiruan tidaklah mudah, kerana pihak yang berkenaan tentulah tidak dapat memeriksa setiap kedai yang menjual ubat.*

B : *Langkah yang berkesan hanya dapat dilakukan dengan menyekat pengedarannya oleh pembuat-pembuat atau wakil-wakil pengedarnya di sesebuah kawasan.*

A : *Ya. Pihak yang berkuasa sangat-sangat memerlukan kerjasama orang ramai termasuk pekedai-pekedai runcit agar kegiatan ini dapat dibanteras segera.*

Vocabulary

ubat-ubat tiruan	imitation medicine
disekat	checked

berhati-hati	cautious
keperluan	needs
dalam pasaran	in the market
patut dipuji	should be praised
langkah-langkah	steps
penjualan	sale
dipercayai	believed
disyaki tiruan	suspected as imitation
yang menjual	selling
berkesan	effective
wakil-wakil	representatives
kerjasama	cooperation
kegiatan ini	this activity
dibanteras	eradicated
segera	immediately

161

Cerita-cerita Penglipur Lara

A : *Apakah cerita-cerita penglipur lara itu?*
B : *Cerita-cerita lama yang boleh menghibur serta menggelikan hati para pendengarnya.*
A : *Siapakah yang menyebarkan cerita-cerita penglipur lara itu?*
B : *Cerita-cerita ini kebanyakannya diceritakan oleh Pawang Ana dan menantunya Mir Hassan.*
A : *Apakah bentuk cerita-cerita penglipur lara?*
B : *Cerita-cerita penglipur lara mempunyai bentuk tersendiri yang mementingkan pendengaran. Cerita-cerita ini juga memberi imbasan mengenai masyarakat lama.*
A : *Banyakkah cerita-cerita penglipur lara yang terkenal?*
B : *Tidak begitu banyak. Antara cerita-cerita penglipur lara yang terkenal ialah Hikayat Malim Deman, Hikayat Awang Sulung Merah Muda, Hikayat Malim Dewa, Hikayat Raja Muda dan Hikayat Indera Putera.*
A : *Bagaimana pula di Indonesia?*
B : *Di Indonesia terdapat cerita-cerita Si Pahit Lidah dan Nan Tungga Si Magek Jabang.*
A : *Nampaknya semua cerita penglipur lara di Alam Melayu menggunakan nama hikayat. Menarikkah cerita-cerita itu?*
B : *Kini cerita-cerita tersebut dianggap sebagai cerita-cerita tahyul sebab isinya tidak boleh diterima akal.*
A : *Sesungguhnya begitu ada juga yang meminati cerita-cerita penglipur lara, bukan?*
B : *Berdasarkan masyarakat zaman puntung berasap itu, cerita-cerita itu mungkin benar berlaku, lantaran itulah cerita-cerita ini masih digemari oleh orang ramai.*

Vocabulary

pendengar	listener
menyebarkan	spread
kebanyakannya	most of them
bentuk	format
pendengaran	vocal
mengenai	regarding
terkenal	well-known
Antara cerita-cerita	among the stories
Bagaimana pula	how are
Nampaknya	it appears
semua cerita	all the stories
Menarikkah	is it interesting
Berdasarkan	based on
benar berlaku	had happened
lantaran	because
masih digemari	still liked

162

Sungai Nil

A : *Mengapa rakyat Mesir memuji Sungai Nil?*
B : *Sungai Nil menjadikan Mesir sebagai bumi yang subur.*
A : *Tamadun Mesir pun mengkagumkan.*
B : *Benar. Mesir merupakan perintis tamadun manusia di bawah pemerintahan Firaun.*
A : *Khabarnya, sepanjang dekad-dekad seterusnya kebudayaan Firaun ini berkembang bersama pertembungan kebudayaan lain, terutama Yunan dan Arab.*
B : *Itu benar. Tapi kedudukan tanah-tanahnya dengan dataran tinggi dan padang pasir, menyekat kemajuan.*
A : *Walau bagaimanapun Mesir telah mencapai kemajuan.*
B : *Itulah antara keistimewaan rakyat Mesir yang dikagumi dunia.*
A : *Limpahan air Sungai Nil yang setiap tahun membanjiri kedua belah tebing yang sempit adalah kurniaan Ilahi kepada Mesir.*
B : *Ya. Penduduk Mesir pada zaman dahulu kala telah memberi kesedaran kepada bangsa-bangsa lain bahawa air adalah anak kunci kemajuan.*
A : *Nampaknya rakyat Mesir mendapat ilham dari Sungai Nil.*
B : *Kebiruan air Sungai Nil memikat anak watan dan pengunjungnya. Walaupun sistem pengangkutan darat telah maju namun mereka masih gemar menggunakan Sungai Nil sebagai alat perhubungan.*
A : *Begitu sekali mereka tertarik dengan Sungai Nil.*

Vocabulary

memuji   praise

Mesir	Egypt
subur	fertile
tamadun	civilization
pemerintahan	rule, reign
sepanjang	throughout
padang pasir	desert
mencapai	achieved
setiap tahun	every year
dahulu kala	of those days
ilham	inspiration
watan	native land
pengangkutan	transport
darat	land
tertarik	attracted

163

Pesta Menuai

A : *Pesta Menuai atau Mengavau dirayakan secara besar-besaran di Sabah.*

B : *Ya. Mengavau dirayakan dengan penuh meriah oleh suku kaum Kadazan/Dusun dan suku kaum Murut dalam bulan Mei.*

A : *Pesta Menuai itu sudah menjadi satu warisan yang berakar umbi. Bila pesta ini bermula?*

B : *Kepercayaan mengenai Mengavau bermula apabila berlaku satu peristiwa pada zaman silam, di mana kaum Suminundu yang menurut kepercayaan, telah mengorbankan gadis jelitanya dengan tujuan untuk memperolehi makanan bagi keperluan kaum mereka. Upacara itu dilakukan ketika matahari hampir terbenam dan dijalankan oleh seorang dukun wanita yang dikenali sebagai Bobohizon.*

A : *Pengorbanan itu sungguh menakjubkan.*

B : *Inilah pengorbanan yang paling setia. Gadis itu terkorban untuk menyelamatkan kaumnya dari kebuluran.*

A : *Apakah kisah seterusnya?*

B : *Jenazah gadis itu dikebumikan kemudiannya. Sejurus beberapa hari tampak satu keganjilan. Pohon padi tumbuh dengan suburnya di tempat pengkebumian itu.*

A : *Ini benar-benar ajaib.*

B : *Ya. Suku Kadazan mempercayai padi yang tumbuh itu adalah hasil semangat tubuh gadis yang dikorbankan itu. Mereka tetap percaya semangat itu datang dari Homindoun, nama gadis itu. Semangat itu dipanggil sebagai Bambaazon.*

A : *H'm, begitu.*

Vocabulary

dirayakan	celebrated
secara besar-besaran	on a big scale
warisan	heritage
mengenai	regarding
pada zaman silam	in the olden day
kepercayaan	belief
mengorbankan	sacrifice
menakjubkan	amazing
menyelamatkan	to save
kebuluran	starvation
dikebumikan	buried

164

Burung Merbuk

A : *Suara burung merbuk sungguh merdu, ya?*
B : *Merbuk dipelihara dengan baik sebab suaranya yang merdulah.*
A : *Apakah makanan merbuk yang biasa diberikan?*
B : *Makanan merbuk yang biasa diberikan ialah padi atau kambu. Padi yang diberikan ialah padi terung, iaitu sejenis padi kecil dan bulat-bulat. Padi biasa dikatakan tidak sesuai dengan merbuk kerana ia boleh menyebabkan tekaknya luka dan mengurangkan mutu suaranya.*
A : *Apakah yang dibuat pada padi itu?*
B : *Biasanya padi itu dibasuh bersih-bersih, dibuang segala hampas dan habuknya. Kemudian padi itu digaul dengan merah telur dan dijemur. Apabila telah kering, barulah ia diberikan kepada burung itu.*
A : *Burung itu cerewet tentang makanannya?*
B : *Merbuk tidak cerewet tentang makanan, cuma si pemelihara pentingkan makanan agar burung itu sentiasa sihat.*
A : *Adakah makanan lain diberikan kepada merbuk?*
B : *Selain daripada padi dan kambu, ada juga orang yang memberikan makan pulut hitam, keju dan sekoi.*
A : *Benarkah kebersihan air juga dipentingkan?*
B : *Ya. Kebersihan air minuman merbuk sangat perlu diberikan perhatian. Air sering diawasi agar tidak dikotori oleh najis atau ada jentik-jentik. Batang cekur manis juga diletakkan dalam tempat minuman merbuk.*
A : *Mengapa pula?*
B : *Batang cekur manis itu ada khasiatnya. Cekur manislah yang menjadi ubatnya. Batang cekur manis itu dibiarkan hidup berakar dan berdaun di tempat minuman itu.*

Vocabulary

Suara	voice
sungguh merdu	very lovely
dipelihara	reared
makanan biasa	common food
diberikan kepada	given to
cerewet	fussy
agar burung itu	so that the bird
perhatian	attention
tidak sesuai	not suitable
mengurangkan	lessen
dibiarkan	allowed
dibasuh	washed
tidak dikotori	not dirtied
digaul dengan	mixed with
merah telur	egg yolk
diletakkan	placed
keju	cheese
Mengapa pula?	why is it?
Kebersihan	cleanliness

165

Puisi Kanak-kanak

A : *Saya rasa puisi kanak-kanak perlu diperkembangkan.*
B : *Ya. Puisi dihayati oleh berbagai lapisan umur. Pantun kanak-kanak, pantun remaja, pantun orang tua, pantun jenaka, pantun nasihat, pantun kasih dan sebagainya masih diminati ramai.*
A : *Kehalusan nilai dan sifat puisi boleh membentuk keperibadian seseorang.*
B : *Tapi, kesusasteraan kita nampaknya sekarang ini, tidak begitu mementingkan puisi tradisional kanak-kanak.*
A : *Keadaan ini tidak patut dibiarkan begitu sahaja. Kanak-kanak lebih menunjukkan minatnya pada sesuatu yang berbentuk kreatif.*
B : *Benar. Ini kerana kanak-kanak mempunyai keinginan untuk mengetahui sesuatu.*
A : *Ya. Puisi yang bersifat kreatif itu cukup sesuai dengan perkembangan emosi kanak-kanak.*
B : *Pantun-pantun tradisi kita yang dipusakai dari nenek moyang dulu perlu dihimpun dan diperkembangkan kembali.*
A : *Pantun kanak-kanak mudah memikat hati kanak-kanak.*
B : *Benar. Ini terbukti dalam dua rangkap pantun ini.*
Timang tinggi-tinggi,
Hingga cucur atap.
Belum tumbuh gigi,
Sudah pandai baca kitab.

Ikan dalam petak,
Mati tengah sawah.
Apa yang dimasak,
Sayur banyak kuah.

Vocabulary

puisi kanak-kanak	children poetry
berbagai lapisan	various stages or folds
jenaka	humorous
masih diminati	still liked
kesusasteraan	literature
sesuai	suitable
dipusakai	inherited
perlu	should
mudah	easily
minat	interest
keinginan	wish
dipusakai dari	inherited from
memikat hati	captivate the heart
Sudah pandai	has become clever
dimasak	cooked
banyak kuah	a lot of gravy

166

Kritikan Sastera

A : *Kadang-kadang kritikan sastera tajam dan menyinggung perasaan.*

B : *Kritikan itu penting. Tanpa kritikan sudah tentu sesebuah karya tidak akan mencapai mutunya yang lebih tinggi dari masa ke semasa.*

A : *Dalam tahun-tahun 70-an kritikan yang dibuat oleh pengkritik besar sungguh mengkagumkan. Teguran-teguran membina membentuk penulis-penulis agar lebih matang.*

B : *Tapi ramai penulis sekarang menumpukan perhatian kepada menulis cerpen dan sajak daripada membuat kritikan.*

A : *Ini tidaklah bermakna perkembangan kesusasteraan tempatan semakin mundur.*

B : *Sesungguhnya kita amat mengharapkan akan perkembangan kritikan sastera kita, guna membantu dan memberangsangkan para karyawan untuk menghasilkan karya mereka sejajar dengan perkembangan sastera.*

A : *Ya. Pengkritik itu samalah seperti seorang doktor. Dialah yang bakal merawati sastera bangsa.*

B : *Para pengkritik patut terus menulis kritikan mereka, kerana ini akan menjadikan kritikan sastera berkembang selari dengan perkembangan cerpen, sajak dan drama.*

A : *Para pengkritik haruslah mengamalkan sikap yang adil apabila menganalisa sesebuah karya.*

B : *Saya setuju dengan pendapat anda!*

Vocabulary

Kadang-kadang	at times
tajam	sharp

menyinggung	offend
penting	important
akan mencapai	will achieve
dari masa ke semasa	from time to time
Teguran-teguran membina	constructive criticism
ramai penulis	many writers
cerpen	short story
sajak	poem
perkembangan	development
tempatan	local
membantu	assist
patut terus	should continue
bidang ini	this field
sikap yang adil	fair attitude
karya	literary work

167

Baju Kurung

A : *Baju kurung boleh dikatakan pakaian kebangsaan negara ini.*

B : *Bagi wanita Melayu pakaian tradisional ini tetap menjadi pilihan utama.*

A : *Ya. Pada hari-hari perayaan, dirasakan tidak sempurna jika tidak memakai pakaian tradisional Melayu seperti baju kurung dan kebaya.*

B : *Betapa sopan dan ayunya wanita yang memakai baju kurung dan kebaya.*

A : *Pakaian ini bukan sahaja menjadi kegemaran wanita dewasa, malahan gadis-gadis dan kanak-kanak juga menggemarinya.*

B : *Ya. Kini berbagai fesyen baju kurung dan kebaya boleh dipilih mengikut selera berbagai lapisan masyarakat.*

A : *Baju kurung yang dahulunya dibuat agak longgar, sekarang dipotong dan diubahsuaikan mengikut bentuk badan si pemakai.*

B : *Baju kebaya juga terdapat dalam berbagai potongan. Ada kebaya pendek, kebaya potongan Kota Baharu dan kebaya labuh.*

A : *Gadis-gadis yang mempunyai susuk tubuh yang menarik jika memakai kebaya pasti akan kelihatan lebih jelita lagi.*

B : *Pakaian itu benar-benar digemari ramai.*

A : *Tapi selera seseorang itu bukanlah sama. Walaupun ramai wanita yang suka memakai baju kurung moden misalnya, tetapi terdapat juga segelintir yang masih menyukai baju kurung potongan lama atau lebih dikenali dengan baju kurung Johor yang dijahit tangan.*

B : *Fesyen pun ada warisan. Untuk menambahkan seri lagi baju kebaya atau baju kurung, selendang yang*

*seelok-elok sesuai dengan warna baju boleh dipakai.
Kerongsang pula amat sesuai bagi baju kebaya.*

Vocabulary

boleh dikatakan	can be said
pilihan utama	main choice
tidak memakai	not wearing
ayu	lovely
bukan sahaja	not only
malahan	in fact
berbagai fesyen	various fashion
boleh dipilih	can be selected
mengikut selera	according to the taste
longgar	loose
dipotong mengikut	cut according
yang menarik	attractive
dijahit tangan	hand-sewn
lebih jelita	more elegant

168

Seni Kraftangan Perak

A : *Saya rasa kesenian Malaysia yang termasyhur ialah seni kraftangan perak.*

B : *Benar. Seni kraftangan ini bertanggungjawab memperkayakan kebudayaan negara. Secara kebetulan negeri Kelantan merupakan pengeluar utama kesenian ini.*

A : *Bila bermula kesenian ini?*

B : *Tidak siapa yang dapat memastikannya. Ada yang mengatakan seni kraftangan perak ini berasal dari negeri Thai.*

A : *Boleh jadi, kerana kepakaran itu diperolehi oleh masyarakat Melayu Kelantan daripada masyarakat Selatan Thai melalui kegiatan perdagangan.*

B : *Tapi ada pula yang mengatakan seni kraftangan perak di negara kita bermula sejak jemaah Haji dari negara kita pergi ke Tanah Suci Mekah.*

A : *Nampaknya ada banyak teori.*

B : *Ada juga pendapat yang mengatakan seni kraftangan perak di Kelantan itu merupakan hasil dayausaha masyarakat Kelantan itu sendiri.*

A : *Orang Kelantan sejak zaman dahulu lagi telah pun berupaya menghasilkan alat-alat keperluan pertanian sendiri seperti cangkul, bajak, kapak dan sebagainya. Jika alat-alat itu boleh dihasilkan oleh mereka, tidak mustahil mereka juga boleh menghasilkan kraftangan.*

B : *Adalah agak munasabah juga jika dikatakan ia berasal dari Negeri Thai, kerana buat beberapa abad Kelantan berada di bawah kekuasaan Thai. Hal ini dipersetujui oleh kebanyakan ahli sejarah.*

A : *Mungkin seni kraftangan perak di Kelantan berasal dari Negeri Thai, tetapi barang-barang dari Mekah memberi inspirasi bagi meningkatkan lagi prestasi kesenian kraftangan.*

Vocabulary

kesenian	art
perak	silver
memperkayakan	enrich
kebudayaan	culture
Secara kebetulan	coincidently
utama	main
berasal dari	originated from
kegiatan perdagangan	commercial activities
kesan	effect
Tanah Suci	holy land
dayausaha	initiative
masyarakat	society
menghasilkan	produce
munasabah	appropriate
beberapa abad	several centuries
kekuasaan	jurisdiction
ahli sejarah	historian
Mungkin	probably
prestasi	performance

169

Kegunaan Jerami Padi

A : *Dengarnya jerami padi digunakan secara luas sebagai makanan ternakan?*

B : *Ya. Berbagai percubaan telah dijalankan untuk memperluaskan lagi bahan yang terbuang ini. Di negara kita, sejak dahulu lagi jerami padi ini dijadikan makanan ternakan, misalnya makanan lembu dan kerbau.*

A : *Jerami padi pun ada nilainya.*

B : *Di Asia terutama di sebelah timur, jerami padi dihasilkan dalam jumlah yang banyak pada setiap tahun.*

A : *Bagaimana pula rupa jerami padi itu?*

B : *Jerami padi merupakan campuran antara batang, daun dan tangkai pohon padi setelah diambil buahnya bagi mendapatkan hasil beras.*

A : *Hasil buangan ini menjadi makanan ternakan seperti lembu dan kerbau. Adakah kegunaannya yang lain?*

B : *Di setengah-setengah negara, misalnya India, selain daripada untuk makanan ternakan, jerami padi ini digunakan juga bagi penyediaan baja kompos dan sebahagian kecilnya pula digunakan sebagai bahan dalam pembuatan kertas.*

A : *Jerami padi merupakan makanan tradisi bagi ternakan selain daripada rumput, khasnya di Asia dan Asia Tenggara yang terkenal dengan panggilan negara-negara jelapang padi.*

B : *Ya. Di Sri Lanka, jerami padi merupakan hasil buangan pertanian yang terbesar di negara itu, iaitu hampir-hampir dua juta tan setiap tahun. Di negara kita pula, pengeluaran jerami padi pada tahun yang sudah-sudah ialah sebanyak 1.45 juta tan metrik. Diharap agar bahan ini digunakan dengan faedah yang maksimum.*

Vocabulary

sebagai makanan	as fodder
Berbagai percubaan	various trials
sejak dahulu	since long ago
ternakan	domesticated animals
misalnya	for example
jumlah yang banyak	in large quantity
pada setiap tahun	every year
digunakan juga	is also used
penyediaan	preparation
dalam pembuatan	in the manufacture
kertas	paper
Asia Tenggara	Southeast Asia
terkenal	well-known
pertanian	agriculture
hampir-hampir	nearly
pengeluaran	yield
Diharap	hopefully
faedah maksimum	maximum profit

170

Masalah Kekurangan Beras

A : *Beras adalah barang keperluan yang amat penting kepada penduduk-penduduk di Asia Tenggara, ya?*
B : *Ya. Jepun yang dianggap sebagai salah sebuah negara terkaya di dunia sedang menghadapi masalah kekurangan beras.*
A : *Memandangkan masalah ini, kerajaan kita sedang berusaha bersungguh-sungguh untuk mencapai matlamat pengeluaran hasil beras yang mencukupi untuk keperluan negara. Selain dari meninggikan taraf hidup rakyat melalui rancangan-rancangan penanaman kelapa sawit, getah dan lain-lain.*
B : *Pendapatan lumayan sedang diperolehi oleh setiap peserta rancangan tanaman kelapa sawit, getah dan sebagainya.*
A : *Dalam pada itu perhatian hendaklah juga ditumpukan kepada rancangan-rancangan pengeluaran beras dengan membuka lebih banyak sawah dan menambahkan pengeluaran dari sawah-sawah yang sedia ada untuk mencapai matlamat berdikari dari segi keperluan beras.*
B : *Ini perlu sebagai persediaan menghadapi kemungkinan tidak ada sebarang negara lain yang mahu mengeksport beras ke Malaysia bila berlaku sesuatu perkembangan di dunia pada suatu masa kelak.*
A : *Dalam masa Perang Dunia Kedua dulu ramai rakyat di negara ini memakan ubi kayu dan jarang-jarang menikmati nasi kerana kita tidak mendapat bekalan beras yang mencukupi.*

Vocabulary

amat penting   very important

Asia Tenggara	Southeast Asia
dianggap	is regarded
sedang berusaha	taking steps
keperluan	need
penanaman	planting
kelapa sawit	oil palm
diperolehi	obtained
hendaklah juga	should also
menambahkan	to increase
berdikari	self-reliance
persediaan	preparation
menghadapi	face
ubi kayu	tapioca
tidak mendapat bekalan	did not get supply
jarang-jarang	very seldom
menikmati	enjoy
mencukupi	sufficient

171

Kursus Menulis Skrip

A : *Nampaknya Gapena menganjurkan satu kursus menulis skrip drama radio.*
B : *Motif kursus tersebut adalah untuk melahirkan lebih ramai lagi penulis drama radio di kalangan generasi baru.*
A : *Bagaimanakah sambutan kursus itu?*
B : *Kursus itu mendapat sambutan yang sungguh menggalakkan sebab seramai enam puluh orang peserta turut hadir. Ramai di antaranya pelajar-pelajar dan juga belia dari seluruh Daerah Perak Tengah.*
A : *Siapa yang menjadi penceramah utama?*
B : *Penulis drama radio bersiri "Fajar di Bumi Permata" adalah salah seorang penceramah utama.*
A : *Peserta-peserta tentu akan mendapatkan faedah dari kursus ini.*
B : *Ya. Kursus itu merupakan kursus penulisan yang pertama kali pernah diikuti oleh peserta-peserta itu. Melalui penulisan seseorang itu dapat melahirkan pendapat atau sesuatu yang dirasainya kepada masyarakat di samping boleh membiasakan seseorang itu berfikir secara logik dan konkrit.*
A : *Benar. Kursus-kursus seperti ini boleh menambahkan pengetahuan serta pengalaman kepada yang menyertainya.*
B : *Bukan sahaja setakat itu, di samping menambahkan pengetahuan, peserta-peserta juga dapat berkenal-kenalan serta bertukar-tukar fikiran antara satu sama lain.*

Vocabulary

menganjurkan	organized
untuk melahirkan	to bring about

di kalangan	in the group
sambutan	response
sungguh menggalakkan	very encouraging
peserta	participant
penceramah	speaker
dari seluruh	from all over
melahirkan pendapat	to air ones view
kepada masyarakat	to the society
dapat berkenal-kenalan	get acquainted
bertukar-tukar fikiran	exchange view

172

Perhentian Puduraya

A : *Perhentian Puduraya semakin sesak; dan teksi-teksi yang berhenti di tepi tangga mengganggu lalulintas di jalan yang sempit dan sentiasa sibuk itu.*
B : *Ya. Perhentian Puduraya sentiasa sesak dengan manusia.*
A : *Bilakah bangunan ini dibuka?*
B : *Bangunan ini dibuka pada bulan Oktober 1976. Selain dari merupakan perhentian bagi beratus-ratus buah bas dan teksi, ia juga mengandungi sebuah hotel bertaraf antarabangsa, sebuah pejabat pos, klinik, bank, pejabat-pejabat pelancongan, warung-warung makanan, gerai-gerai barang runcit dan pelbagai kedai lain.*
A : *Tingkat-tingkat mana yang sering sibuk?*
B : *Tiga tingkat di bahagian bawah sentiasa penuh sesak dengan penumpang-penumpang bas dan teksi dan pengembara-pengembara lain. Adalah dianggarkan kira-kira dua ribu orang bertumpu ke situ pada hari-hari biasa dan hampir lima ribu orang pada hari-hari cuti atau perayaan. Perhentian ini sekarang bukan sahaja menjadi persinggahan bagi pengembara dalam perjalanan jauh, bahkan ia juga digunakan oleh penduduk Kuala Lumpur sendiri yang berulang-alik ke tempat kerja. Ditaksirkan lebih lima ratus buah bas dan seribu buah teksi keluar masuk di perhentian ini setiap hari.*

Vocabulary

di tepi tangga	near the stairs
lalulintas	traffic
sentiasa sesak	always full
warung-warung	stalls

gerai-gerai	similar to stalls
sering sibuk	always busy
pengembara-pengembara	travellers
hari-hari biasa	ordinary days
persinggahan	meeting place
berulang-alik	to and fro
Ditaksirkan	estimated
lebih lima ratus	more than five hundred
seribu buah teksi	one thousand taxis
keluar masuk	depart and arrive
setiap hari	daily

173

Bahasa Rasmi bagi Malaysia

A : *Bahasa Malaysia menjadi bahasa rasmi negara.*
B : *Memang benar. Bahasa Malaysia telah diletakkan di tahap yang tinggi, baik dari segi sosial mahupun ekonomi dalam segala rancangan dan kegiatan kerajaan, sebagai alat pembangunan.*
A : *Ya. Dasar Pelajaran Kebangsaan serta rancangan-rancangan pembangunan membuktikan kegigihan kerajaan untuk menempatkan ketinggian nilai bahasa kita dari segi sosial dan ekonomi.*
B : *Nilainya boleh dipertingkatkan lagi sekiranya kegiatan sektor swasta, terutamanya yang terlibat dengan perusahaan media cetak, ataupun tidak terlibat secara langsung dalam media itu, bersama-sama memikul tanggungjawab.*
A : *Tapi setengah-setengah pihak swasta menggunakan Bahasa Malaysia "bagai melepaskan batuk di tangga" seperti dalam penggunaan bahasa di papan tanda, sarikata filem dan iklan-iklan.*
B : *Mereka itu lupa, potensi yang ada pada bahasa kita amat luas dan boleh memberi keuntungan kepada mereka yang menghargai nilainya.*
A : *Ya. Sesuatu usaha memperkembang serta meninggikan nilai Bahasa Malaysia bukan sahaja boleh meletakkan bahasa kita di tempat yang sewajarnya, malah boleh menguntungkan pihak yang mempunyai mata pencarian dengan menggunakan bahasa itu.*
B : *Rakyat jelata wajiblah menghasilkan penulisan-penulisan dalam Bahasa Malaysia dengan tepat dan bernas dan menggunakan perkataan yang sesuai bagi menghindarkan pencemaran bahasa.*
A : *Saya setuju.*

Vocabulary

bahasa rasmi	official language
dari segi	from the angle
alat pembangunan	tool of development
nilai bahasa	value of language
boleh dipertingkatkan	can be raised
tidak terlibat	not involving
secara langsung	directly
memikul tanggungjawab	shoulder the responsibility
sarikata	subtitle
iklan-iklan	advertisements
amat luas	very wide
boleh memberi keuntungan	can benefit
tepat dan bernas	precise and constructive
menghindarkan	to avoid
pencemaran	pollution

Pulau Tioman

A : *Ramai pelancong suka juga melawat Pulau Tioman.*
B : *Pulau Tioman punya daya tarikannya yang tersendiri.*
A : *Berapa luasnya Pulau Tioman itu?*
B : *Luasnya lapan puluh kilometer persegi.*
A : *Apakah keistimewaan pulau itu?*
B : *Banyak benda-benda menarik di pulau itu dari segi pemandangan laut dan pantainya: kayu-kayan, hidupan, jenis ikan, bunga-bungaan, burung-burung; serta kebudayaan dan kesenian.*
A : *Indah benar Pulau Tioman itu.*
B : *Sesiapapun akan tertarik dengan udara pantainya yang nyaman, angin bertiup segar dan laut yang bersih. Kadangkala kita boleh melihat dasar laut yang jelas sedalam kira-kira 30 hingga 50 meter.*
A : *Bagi mereka yang suka berenang serta menyelam, pulau ini merupakan tempat yang paling sesuai untuk kegiatan itu. Apakah jenis-jenis ikan yang didapati dalam air yang jernih itu?*
B : *Ikan kerapu, ikan duri, dan ikan tongkol dengan mudah boleh didapati di perairan pulau itu.*
A : *Apakah keistimewaan yang lain?*
B : *Banyak bukit untuk didaki serta anak sungai untuk diharungi, sambil memetik beraneka jenis bunga-bungaan yang kadangkala tidak terdapat di tanah Semenanjung ini. Baunya harum serta berbagai pula warnanya yang amat menarik.*
A : *Bagusnya.*

Vocabulary

Ramai pelancong	many tourists
daya tarikan tersendiri	own attraction
Berapa luasnya	what's the area

dari segi	from the view
kayu-kayan	timber
bunga-bungaan	various flowers
kebudayaan dan kesenian	culture and art
indah benar	very lovely indeed
nyaman	pleasant
bertiup segar	blows gently
sedalam	of the depth
suka berenang	like to swim
yang didapati	which are found
yang jernih	clear, transparent, not opaque
dengan mudah	easily
untuk diharungi	for wading
tidak terdapat	not found
yang amat menarik	very attractive

175

Sistem Metrik

A : *Mulai tahun ini, kita beredar setapak lagi ke satu cara baru, ke arah penggunaan satu sistem yang lebih berkesan untuk menggantikan sistem yang telah sebati tetapi usang.*

B : *Kita semua tahu, mulai tahun ini segala urusan perniagaan dan sukatan-sukatan sepenuhnya digantikan dengan Sistem Metrik.*

A : *Ini bermakna, Sistem Imperial yang digunakan sekarang lama-kelamaan akan hilang ditelan zaman.*

B : *Ya. Kita tidak perlu mempersoalkan kemampuan sistem baru ini di negara kita. Apa yang nyata ialah kita telah maju, maju setapak lagi seiring dengan lain-lain negara maju.*

A : *Memanglah, kita tidak mahu ketinggalan dari segala bentuk perubahan baik dari apa sudut sekalipun.*

B : *Negara kita bergantung kepada hubungan luar, sebagai pengimport dan pengeksport. Adalah perlu satu sistem ekonomi diselaraskan.*

A : *Ya. Dalam dunia yang bersaingan seperti sekarang, kita harus mampu mengikut perkembangan yang boleh mendatangkan faedah terutama dalam meningkatkan pertukaran wang ringgit.*

B : *Salah satu yang boleh mempercepatkan pencapaian matlamat ini ialah dengan adanya persefahaman dalam penggunaan sistem ukuran antarabangsa yang bertujuan memudahkan perhubungan terutama dalam urusan jual beli dan urusniaga.*

Vocabulary

Mulai tahun ini	from this year
cara baru	new method
lebih berkesan	more effective

yang telah sebati	part and parcel
sukatan-sukatan	measurements
Ini bermakna	this means
sekarang	so far
ditelan zaman	has become obsolete
memudahkan	simplify
ketinggalan	left behind
bergantungan kepada	depends on
Adalah perlu	very important
yang bersaingan	competitive
perkembangan	development
pertukaran	exchange
pencapaian	achievement
terutama dalam	particularly in

176

Kementerian Luar Bandar

A : *Bekalan elektrik sangat perlu bagi penduduk-penduduk luar bandar.*

B : *Kemudahan ini dialu-alukan oleh penduduk-penduduk luar bandar. Ini menjadi idaman penduduk-penduduk sama ada miskin atau kaya asalkan dapat menikmati segala kemudahan asas yang disediakan oleh kerajaan.*

A : *Ya. Menyedari hakikat inilah kerajaan sedaya mungkin berusaha memberi berbagai kemudahan asas kepada penduduk luar bandar menikmati bersama hasil projek pembangunan kerajaan.*

B : *Bagus juga Kementerian Luar Bandar dibentuk semula dalam Kabinet Baru Perdana Menteri kita.*

A : *Penduduk-penduduk kawasan luar bandar harus diberikan keutamaan. Lebih tiga ratus keluarga daerah Pendang dapat bekalan elektrik. Rancangan ini menelan belanja hampir setengah juta ringgit.*

B : *Penduduk-penduduk kampung itu amat gembira. Mereka berterima kasih sebab kerajaan begitu murah hati dan bertimbang rasa.*

A : *Adalah diharapkan Kementerian Luar Bandar yang diadakan semula akan mempercepatkan lagi rancangan pembangunan luar bandar.*

B : *Saya pun berharap begitu.*

Vocabulary

Bekalan	supply
luar bandar	rural
Kemudahan	facilities
asalkan	provided that
disediakan oleh	provided by
menikmati	enjoy

berbagai	various
harus diberikan	should be given
menelan belanja	cost
murah hati	generous or kind
belakan elektrik	electricity supply
Adalah diharapkan	it is hoped
mempercepatkan	expedite
Saya pun	I too
berharap begitu	wish thus

177

Faedah Tahu Membaca

A : *Pernahkah anda terfikir betapa sukarnya menjadi seorang buta huruf?*

B : *Ya, segala-galanya akan menjadi sukar, malah mungkin pula menjadi sasaran tipu-daya andainya mereka buta huruf.*

A : *Memang. Pada zaman serba maju dan membangun ini segala-galanya perlu ditulis hitam putih.*

B : *Ya. Oleh itu untuk mengetahui apa yang ditulis itu perlulah tahu membaca.*

A : *Sungguh. Membaca juga adalah satu daripada cara-cara untuk mengisi masa lapang kita dengan lebih berfaedah. Dalam masa kita berseorangan kita boleh mengisi kesunyian itu dengan membaca.*

B : *Ada juga pepatah jauh berjalan luas pengalaman, banyak membaca luas pengetahuan.*

A : *Pepatah itu memang benar. Dengan banyak membaca, kita juga dapat menambah ilmu pengetahuan kita. Misalnya dengan membaca buku-buku mengenai sejarah, kita dapat mengetahui berkenaan dengan riwayat hidup dan pengalaman orang-orang yang masyhur dan yang telah berjasa terhadap negara dan bangsa.*

B : *Saya bersetuju. Suratkhabar juga merupakan bahan bacaan yang sangat berfaedah.*

A : *Semua orang sedar akan faedahnya. Orang yang tidak membaca suratkhabar seperti katak di bawah tempurung.*

B : *Di bandar-bandar besar, bahan-bahan bacaan lebih mudah diperolehi daripada di kampung-kampung.*

A : *Ya. Kerajaan telah membina banyak perpustakaan untuk kegunaan umum. Dengan jalan ini lebih mudah lagi seseorang itu untuk mencari jenis bacaan yang mereka minati.*

Vocabulary

sukarnya	difficult indeed
buta huruf	illiterate; unable to read and write
tipu-daya	fraud
serba maju	progressive
ditulis hitam putih	in black and white
untuk mengetahui	to know
masa lapang	leisure hours
kesunyian	loneliness
dengan membaca	by reading
dapat menambah	able to increase
Misalnya	for example
mengenai sejarah	about history
pengalaman	experience
Suratkhabar juga	newspapers also
diperolehi	obtained
lebih mudah lagi	very easy indeed

Sistem Berderau

A : *Sistem berderau masih diamalkan di kampung sekarang ya, Pak Ali?*
B : *Ya. Dalam masyarakat kampung tiap-tiap anggotanya hidup sandar-menyandar antara satu sama lain. Perkataan berderau pun bermakna tenaga dibayar dengan tenaga.*
A : *Tapi, dengan adanya pemodenan yang dibawa ke kampung sistem berderau mungkin tidak akan diamalkan dengan luas.*
B : *Ya, selaras dengan munculnya pemodenan, penduduk kampung sedar segala fungsi mata wang.*
A : *Memanglah. Kegunaan wang bermakna tenaga boleh dibayar dengan wang. Jadi sistem berderau yang diadakan atas asas tenaga dibayar dengan tenaga tidak mungkin diterima oleh kebanyakan orang.*
B : *Sungguh. Petani-petani yang dahulunya mengambil bahagian dalam sistem berderau mungkin berhijrah ke bandar untuk menjadi pekerja-pekerja kilang di bandar.*
A : *Tidaklah menghairankan jika pada suatu masa nanti sistem berderau akan lenyap dari kampung.*

Vocabulary

Sistem berderau	co-operative system
masih diamalkan	still being practised
Dalam masyarakat	in the society
dibayar dengan	paid with
mungkin tidak	probably not
dengan luas	widely
selaras dengan	in line with
sedar	aware

Kegunaan	uses
diterima oleh	accepted by
kebanyakan orang	most people
Petani-petani	farmers
Tidaklah menghairankan	it is not surprising
akan lenyap	will vanish

179

Kemuliaan Hidup

A : *Kemuliaan hidup menjadi impian setiap orang, ya, Pak Ali?*

B : *Ya. Setiap orang ingin menjadi orang yang mulia dan disanjung tinggi serta dihargai pendapatnya.*

A : *Pada masa dahulu kemuliaan hanya dinikmati oleh golongan tertentu sahaja di dalam masyarakat. Orang-orang kaya yang berketurunan bangsawan sahaja yang dianggap mulia, disegani dan disanjung tinggi.*

B : *Anggapan lama memandang seseorang itu rendah kerana kemiskinan atau keturunannya tidak mendapat tempat lagi pada zaman moden ini. Cara lama menyembah-nyembah dan merendah-rendahkan diri tidak lagi dianggap sebagai tanda kesopanan, yang pada masa dahulu perlu ada pada orang-orang bawahan.*

A : *Baguslah, generasi baru mempunyai tanggapan sendiri dalam hal ini dan mereka membuat sesuatu berdasarkan kebenaran dan keadilan.*

B : *Ya, kemuliaan akan diperolehi oleh sesiapa sahaja asalkan mereka sanggup menerima cabaran hidup dan kemahuan masyarakat pada zaman moden ini.*

A : *Kemuliaan bukanlah satu perkara yang mustahil untuk diperolehi. Anak-anak petani, buruh kasar, penoreh atau nelayan boleh memperolehi kemuliaan asalkan sahaja mereka sanggup berusaha, tidak berpeluk tubuh menunggu yang bulat datang menggolek, yang pipih datang melayang.*

Vocabulary

Kemuliaan	respect
menjadi impian	becomes a dream
disanjung tinggi	held in high esteem

golongan tertentu	a specific group
berketurunan bangsawan	of noble birth
Anggapan lama	old concept
orang-orang bawahan	subordinates
Cara lama	old ways
tanggapan sendiri	own values or norms
sanggup menerima	willing to accept
cabaran	challenge
mustahil untuk diperolehi	impossible to achieve
tidak berpeluk tubuh	not sitting on the fence

180

Komputer

A : *Komputer ialah satu daripada ciptaan manusia yang terpenting pada abad ini ya, Pak Ali?*

B : *Ya. Di negara-negara maju, komputer digunakan dalam semua bidang kehidupan: dari pelaksanaan pentadbiran kerajaan hinggalah untuk penerokaan angkasa lepas.*

A : *Mungkin komputer akan menguasai bidang awam, perdagangan dan perusahaan di negara kita ini.*

B : *Besar kemungkinannya. Pada mulanya komputer direka untuk menjalankan perkiraan Ilmu Hisab sahaja. Kemudian alat ini telah dimajukan dan digunakan bagi penyelesaian masalah-masalah memproses maklumat yang melibatkan banyak data serta pengiraan yang rumit dan panjang.*

A : *Berapakah jenis komputer yang ada sekarang?*

B : *Ada tiga jenisnya iaitu alat kira-mengira, analog dan digital. Alat kira-mengira digunakan untuk pengiraan biasa seperti campur, tolak, bahagi dan darab. Komputer analog digunakan untuk mengukur bilangan-bilangan tepat yang berterusan secara langsung. Komputer digital digunakan secara meluas untuk memproses data sama ada dalam lapangan perdagangan, perusahaan, pentadbiran dan penyelidikan.*

A : *Siapa yang menciptanya?*

B : *Penciptaan komputer moden dirintis oleh seorang pakar sains bernama Charles Babbage.*

Vocabulary

pada abad ini	in this century
dalam semua bidang	in all fields
pelaksanaan	implementation

pentadbiran	administration
angkasa lepas	outer space
akan menguasai	will control
Penciptaan	invention
direka	invented
Kemudian	later on
bagi penyelesaian	for solving
melibatkan banyak	involving many
pengiraan yang rumit	complicated calculation
untuk mengukur	for measuring
penyelidikan	research

181

Diabetes

A : *Pada zaman sains dan teknologi ini pun bermacam-macam penyakit timbul di sekeliling kita.*

B : *Ramai juga menghidapi penyakit kencing manis atau diabetes.*

A : *Pada lahirnya penyakit itu tidak begitu mengerikan, tetapi langkah-langkah sewajarnya perlu diambil untuk mengelakkannya.*

B : *Masyarakat kita nampaknya tidak begitu mengambil berat tentang hal ini. Setengah-setengah penghidap langsung tidak mengindahkan tentang bahaya yang sedang dihadapinya. Mungkin ini disebabkan kejahilan tentang perkara itu, atau kita terlalu berserah kepada nasib sahaja.*

A : *Penyakit ini berjangkitkah?*

B : *Tidak. Timbulnya penyakit ini bukanlah kerana dari jangkitan oleh pesakit lain. Seseorang boleh menghidapi penyakit ini apabila tubuh kekurangan hormon insulin. Gula juga amat bahaya kepada mereka. Mereka perlu menjauhkan benda ini.*

A : *Tidakkah ada sebarang tanda yang menunjukkan seorang itu ditimpa penyakit ini?*

B : *Tidak terdapat tanda-tanda awal bagi penghidap-penghidap diabetes. Tanda-tanda boleh dilihat bila penyakit itu telah sampai ke peringkat lanjutan, seperti ia mempunyai keinginan untuk minum terus-menerus, selalu berasa lapar dan selalu membuang air kecil.*

Vocabulary

bermacam-macam penyakit	all kinds of disease
di sekeliling kita	around us
langkah-langkah sewajar	appropriate steps

mengelakkannya	to avoid it
Masyarakat kita	our society
kejahilan	ignorance
berserah kepada	leaving it to fate
berjangkit	contagious
apabila tubuh kekurangan	when the body is short of
Tidakkah ada sebarang tanda	is there any signs
tanda-tanda awal	early symptoms
ke peringkat lanjutan	advanced stage
selalu berasa lapar	always feeling hungry

182

Sajak

A : *Sajak sangat digemari pada masa ini.*
B : *Pemuda-pemudi dan orang yang lebih lanjut usia juga membaca sajak dengan penuh minat.*
A : *Ini satu tanda yang sihat.*
B : *Sajak-sajak sekarang membawa persoalan yang beraneka ragam, dari soal kasih sayang hinggalah ke soal pembunuhan dan peperangan senjata nuklear.*
A : *Masalah perdamaian dan persengketaan manusia dalam berbagai-bagai aspek dan lapangan; soal politik, sosial dan ekonomi yang dipandang dari berbagai-bagai sudut dan bahagian; juga dibincangkan secara berkesan.*
B : *Sajak-sajak sekarang bukanlah lagi suatu seni hiburan, seni penglipur lara, puisi hiasan atau selingan dalam ucapan-ucapan perpisahan, tetapi suatu hasil yang dicipta secara terperinci.*
A : *Perubahan ini sudah memberi nafas baru kepada sajak.*
B : *Aliran baru ini patut dialu-alukan sebab sajak perlu mendedahkan segala masalah masyarakat dan menyedarkan para pembaca.*

Vocabulary

Sajak	modern poetry
dengan penuh minat	with great interest
tanda yang sihat	good sign
persoalan	problems
beraneka ragam	of various sorts
persengketaan	conflicts
yang dipandang dari	viewed from
berbagai-bagai sudut	various angles

secara berkesan	effectively
seni hiburan	entertainment
hiasan	decoration
Perubahan ini	this change
mendedahkan	to expose
menyedarkan	to bring about a sense of awareness
dialu-alukan	welcomed
segala	all
masalah masyarakat	social problems
para pembaca	readers. The word *para* denotes plural.

Bahasa Malaysia

A : *Bahasa Malaysia diutamakan di sektor-sektor swasta pun.*
B : *Ya. Baru orang ramai sedar betapa pentingnya Bahasa Malaysia.*
A : *Bahasa Malaysia juga akan digunakan di mahkamah-mahkamah.*
B : *Baguslah begitu. Di mahkamah-mahkamah Indonesia, Bahasa Indonesia digunakan dengan jayanya.*
A : *Bahasa Malaysia bukanlah lagi menjadi satu masalah kerana ianya telah diterima oleh semua pihak sebagai bahasa rasmi dan bahasa kebangsaan.*
B : *Ini juga bererti bahawa Bahasa Malaysia diterima sebulat suara sebagai bahasa ilmu pengetahuan, terutamanya dalam memenuhi peranan mendokong konsep sains yang dahulunya dianggap dapat didokong oleh bahasa Inggeris sahaja.*
A : *Amat perlulah bagi murid-murid sekolah mempelajari Bahasa Malaysia dengan bersungguh-sungguh untuk menguasai mata pelajaran lain yang diajari di sekolah.*
B : *Ya. Ini memang masih berkembang dengan pesat. Murid-murid perlu memahami istilah-istilah baru yang masuk ke dalam perkamusan Bahasa Malaysia.*

Vocabulary

diutamakan	is given priority
swasta	private
sedar	aware
betapa pentingnya	how important it is
mahkamah-mahkamah	courts
dengan jayanya	with success

semua pihak	all parties
diterima sebulat suara	fully accepted
Ini juga bererti	this also means
terutamanya dalam	particularly in
dianggap	is regarded
Amat perlulah	it is very important
menguasai	to master
Istilah-istilah baru	new terms
perkamusan	lexicography

Kebakaran Kilang Papan

A : *Kebakaran sering berlaku kebelakangan ini.*
B : *Ya. Baru-baru ini beratus-ratus tan kayu balak di dua buah kilang papan di Wilayah Persekutuan musnah dalam satu kebakaran mengejut melibatkan kerugian kira-kira enam juta ringgit.*
A : *Malang sungguh kejadian itu.*
B : *Lebih dua puluh buah mesin memotong dan memproses kayu dan beratus-ratus tan kayu yang telah siap diproses, musnah.*
A : *Dapatkah api itu dipadam dengan segera?*
B : *Tujuh buah kereta bomba dengan kira-kira lima puluh orang anggotanya berusaha mengawal api dari terus memusnahkan keseluruhan kilang itu. Anggota-anggota bomba mengambil masa kira-kira empat jam untuk mengawal api dari merebak ke bahagian-bahagian lain.*
A : *Syarikat itu tentu mengalami kesulitan besar.*
B : *Hampir 90% dari papan yang musnah dalam kebakaran itu telah siap untuk dieksport.*
A : *Pernahkah kebakaran begini berlaku dahulu?*
B : *Pernah. Kebakaran pertama berlaku kira-kira empat tahun lalu yang mengakibatkan kerugian hampir tujuh juta ringgit.*

Vocabulary

sering berlaku	frequently occurs
kilang	factory
melibatkan kerugian	causing a loss
yang telah siap diproses	which have been processed
kebelakangan ini	lately
musnah	destroyed

dipadam	extinguished
keseluruhan	the whole
bomba	fire brigade
kesulitan besar	a big problem
Kebakaran pertama	the first fire
berlaku	occurred
mengakibatkan	caused
kerugian	loss
hampir	nearly
tujuh juta	seven million

Masalah Dadah

A : *Masalah dadah boleh mengancam keselamatan negara.*

B : *Ya, memang betul. Ini sudah menjadi satu masalah antarabangsa. Kerajaan Amerika pun sekarang sudah sedar bahawa dadah bukanlah masalah jiran atau sosial, tetapi masalah yang lebih besar dari itu.*

A : *Pegawai-pegawai kanan Amerika ada melakukan lawatan ke Asia dan benua-benua lain untuk meninjau dan mengutip maklumat mengenai masalah dadah.*

B : *Lawatan-lawatan begini sangat perlu. Penyeludupan dadah berlaku di mana jua pun. Baru-baru ini polis Itali telah menjumpai dadah bernilai $23 juta ringgit tersembunyi dalam sebuah lori yang menyeberangi sempadan Itali-Yugoslavia dalam perjalanannya dari Kuwait.*

A : *Kerajaan Amerika sedar akan pendekatan yang selaras di antara negara-negara untuk menentang dadah.*

B : *Ini satu tindakan yang wajar. Pengedaran dadah di dunia patut disekat.*

A : *Orang mengedar dadah mungkin kerana wang; tetapi pembekalan dadah juga bertujuan melemahkan sistem pemerintahan sesebuah negara.*

B : *Ya. Tinjauan rapi perlu diadakan untuk mengetahui sejauh mana masalah dadah boleh mengancam keselamatan negara.*

A : *Saya bersetuju.*

Vocabulary

memang betul	true indeed
jiran	neighbour
keselamatan	security

benua	continent
meninjau	observe and study
mengutip maklumat	to collect information
Penyeludupan	smuggling
tersembunyi	hidden
menyeberangi sempadan	cross the border
pendekatan	approach
untuk menentang	to combat
patut disekat	should be checked
melemahkan	weaken
sistem pemerintahan	administrative system
sejauh mana	to what extent
keselamatan negara	national safety
bersetuju	agree

Masalah Samsu Gelap

A : *Masalah samsu gelap masih mengancam negara kita ini.*

B : *Ya, baru-baru ini pun sembilan orang telah mati akibatnya. Malangnya mangsa-mangsa itu menjadi buta sebelum menghembuskan nafas terakhir.*

A : *Sementara itu seramai lebih dua ratus orang telah mati akibat meminum samsu gelap, manakala beratus-ratus lagi dilaporkan dalam keadaan tenat di bandar Bangalore, India Selatan.*

B : *Ini merupakan sebagai tragedi samsu gelap yang paling buruk di India sejak beberapa tahun lalu. Lebih seratus lima puluh orang meninggal dunia dalam kejadian yang sama dulu.*

A : *Minuman ini sungguh dahsyat sekali. Suasana di luar hospital di tempat kejadian meminum samsu ini sungguh mengharukan, setiap kali kematian diumumkan. Ramai yang menangis dan ada yang mendesak para doktor untuk menyelamatkan sanak-saudara mereka.*

B : *Langkah-langkah tegas perlu diambil untuk melumpuhkan pengedaran samsu gelap.*

A : *Di negara kita tindakan itu sudah pun diambil. Pihak polis dan kastam pernah memusnahkan alat-alat memproses samsu yang mereka jumpai.*

B : *Syukurlah.*

Vocabulary

masih mengancam	still threatens
Malangnya	unfortunately
telah mati akibat	died as a result
sejak beberapa tahun lalu	since several years ago
kejadian yang sama	same incident

sanak-saudara	relatives
Langkah-langkah tegas	positive steps
memusnahkan	destroyed
keadaan tenat	serious condition
paling buruk	worst
sungguh dahsyat sekali	awful indeed
melumpuhkan	paralyse
jumpai	found
Syukurlah	Thanks be to God

187

Rancangan Kemajuan Orang Asli

A : *Orang-orang Asli di Perak mendapat layanan baik sekarang.*
B : *Mereka mendapat segala kemudahan. Hampir tiga puluh juta ringgit diuntukkan bagi Rancangan Kemajuan Orang Asli di Perak untuk tempoh sepuluh tahun akan datang.*
A : *Peruntukan itu dibekal oleh siapa?*
B : *Peruntukan itu ialah dari Kerajaan Persekutuan bagi mengadakan kawasan-kawasan penempatan Orang Asli dan infrastruktur serta pembangunan sosio-ekonomi di kawasan-kawasan tersebut.*
A : *Di mana letaknya kawasan-kawasan itu?*
B : *Buat permulaan tiga kawasan iaitu di Kemar, Sungai Dala dan Air Banum ditetapkan bagi menempatkan lebih tujuh ratus keluarga Orang Asli.*
A : *Setakat ini berapa ramai sudah ditempatkan.*
B : *Setakat ini seramai 650 keluarga Orang Asli telah pun ditempatkan di kawasan tersebut.*
A : *Adakah rancangan-rancangan lain?*
B : *Banyak lagi kawasan penempatan seperti itu akan dibuka dari masa ke masa bagi menempatkan semua Orang Asli di negara ini ke kawasan yang membangun.*
A : *Bagaimana pula sambutan dari mereka?*
B : *Sambutan dari Orang Asli untuk meninggalkan tempat tinggal tradisi mereka sungguh menggalakkan.*

Vocabulary

Orang-orang Asli	the aborigines
layanan baik	good treatment
segala kemudahan	all facilities
diuntukkan	is allocated

untuk tempoh	for a period/duration
penempatan	settlement
letaknya	situated
Buat permulaan	initially
keluarga	family
Setakat ini	so far
dari masa ke masa	from time to time
yang membangun	developing
menggalakkan	very encouraging

Yayasan Sabah

A : *Ibu Pejabat Yayasan Sabah menjadi satu lambang kejayaan?*
B : *Ya. Sesiapa juga yang berkesempatan melawat bangunan Yayasan Sabah di Teluk Likas, Kota Kinabalu, pasti terpesona.*
A : *Bagi rakyat Sabah, bangunan tiga puluh tingkat itu menjadi lambang kejayaan perancangan yang teliti.*
B : *Bentuk bangunannya pun sungguh baik.*
A : *Ia merupakan satu-satunya bangunan berbentuk bulat, berdindingkan kaca serta menggunakan aluminium. Bangunan serupa ini yang pertama dibina di Asia.*
B : *Bangunan ini mengkagumkan. Ramai yang menaksir keutuhan bangunan itu sebagai lambang kestabilan ekonomi, politik, pelajaran dan pembangunan sosial negeri itu.*
A : *Yayasan itu memainkan peranan penting.*
B : *Ya. Ia merupakan salah satu agensi bebas yang turut merancang dan menggerakkan ekonomi negeri itu. Yayasan itu juga diberi tanggungjawab menerapkan era baru ke tengah-tengah masyarakat negeri itu.*
A : *Nampaknya, Yayasan Sabah telah menjadi sebahagian dari jentera pembangunan yang penting di negeri itu.*
B : *Bila pula Yayasan Sabah ditubuhkan?*
A : *Yayasan Sabah ditubuhkan pada tahun 1966.*

Vocabulary

Ibu pejabat	headquarters
lambang kejayaan	symbol of success
Sesiapa juga	whoever it may be
pasti terpesona	will be amazed

berbentuk bulat	round in shape
berdindingkan kaca	with glass partitions
pertama dibina	first to be built
menaksir	estimate
menggerakkan	expedite
menerapkan	to form
Bila pula	when was it
Yayasan Sabah	Sabah Foundation
ditubuhkan	established
pada tahun	in the year

189

Kabel Dasar Laut

A : *Nelayan-nelayan pantai timur berasa khuatir kabel dasar laut boleh membahayakan keselamatan mereka?*

B : *Ya. Nelayan-nelayan di situ diingatkan juga supaya menjaga kabel itu.*

A : *Amaran itu diberi kepada semua nelayankah?*

B : *Seluruh nelayan di pantai timur, termasuk Johor Timur diingatkan supaya sentiasa menjaga keselamatan kabel telekom dasar laut yang dipasang di kawasan berkenaan.*

A : *Apakah kabel dasar laut itu?*

B : *Kabel dasar laut itu ialah untuk membolehkan perhubungan di antara Kuantan dan Kuching.*

A : *Adakah ianya bahaya?*

B : *Ada kemungkinan, jika para nelayan tidak bekerjasama menjaga keselamatan kabel tersebut, terutamanya sewaktu menangkap ikan di kawasan tersebut.*

A : *Apakah pendapat Jabatan Telekom mengenainya?*

B : *Jabatan telekom menegaskan kemungkinan bahaya mudah berlaku ke atas bot-bot pukat tunda besar serta bot-bot yang menggunakan alat-alat menangkap ikan di dasar laut dalam seperti bubu-bubu dan lain-lain. Jabatan Telekom juga mengingatkan para nelayan supaya memberi keutamaan kepada soal-soal keselamatan dan sentiasa berwaspada mengenai bahaya kabel.*

A : *Adakah kemalangan setakat ini?*

B : *Belum ada sebarang kemalangan jiwa berlaku, tetapi ini tidak mungkin dapat dielakkan, sekiranya para nelayan sendiri kurang memberi perhatian terhadap soal keselamatan mereka semasa berada di kawasan kabel dasar laut.*

Vocabulary

Nelayan-nelayan	fishermen
pantai timur	east coast
boleh membahayakan	can endanger
Amaran itu	the warning
termasuk	including
diingatkan	reminded
terutamanya sewaktu	particularly at the time
menegaskan	stressed, emphasised
memberi keutamaan	to give priority
berwaspada	be cautious
dapat dielakkan	can be avoided
perhatian	attention
terhadap	on, pertaining, regarding, concerning
soal	question
keselamatan mereka	their safety
semasa	while
di kawasan	in the area

Kenaikan Tambang Teksi

A : *Mengapa tambang teksi naik mendadak pada musim perayaan?*

B : *Sebenarnya pemandu-pemandu teksi melanggar undang-undang. Mereka tidak boleh menaikkan tambang yang telah ditetapkan.*

A : *Tindakan patut diambil ke atas pemandu-pemandu teksi ini.*

B : *Mereka sering diberi amaran lesen memandu mereka boleh digantung atau permit teksi mereka ditarik balik sekiranya mereka sewenang-wenangnya mengenakan tambang yang lebih dari kadar ditetapkan.*

A : *Perbuatan pemandu-pemandu teksi seperti ini perlu disekat.*

B : *Kerajaan memang mengambil langkah-langkah yang sewajarnya. Baru-baru ini Jabatan Pengangkutan menegaskan bahawa pihaknya tidak akan teragak-agak mengambil tindakan tegas ke atas pemandu-pemandu teksi yang mengenakan tambang sesuka hati terutama dalam musim perayaan.*

A : *Penumpang-penumpang teksi mempunyai hak membantah jika mereka dikenakan bayaran tambang yang tinggi.*

B : *Memang mereka berhak. Pihak berkuasa patut memastikan tidak ada pemandu yang mengenakan tambang tinggi.*

A : *Ya. Masalah ini boleh diatasi sebab ada juga syor membenarkan bas-bas menjalankan perkhidmatan bas ekspres, seminggu, sebelum dan selepas sebarang hari-hari perayaan.*

Vocabulary

tambang teksi   taxi fare

Sebenarnya	in fact
undang-undang	laws
ditetapkan	fixed
boleh digantung	can be suspended
sewenang-wenangnya	at their whims and fancies
perlu disekat	should be checked
Baru-baru ini	recently
sesuka hati	as they like
mempunyai hak	have the right
syor	suggestion
perkhidmatan	service
tidak akan teragak-agak	will not hesitate

191

Skim Amanah Rakyat Sabah

A : *Bila Skim Amanah Rakyat Sabah dilancarkan?*
B : *Skim itu dilancarkan dalam tahun 1971 dan kira-kira 400,000 rakyat yang berhak menjadi ahli skim itu telah mendapat faedah.*

A : *Apakah sumbangan utama skim itu?*
B : *Berjuta-juta ringgit dibelanjakan untuk perkhidmatan kesihatan. Antaranya menyediakan perkhidmatan doktor udara. Skim Amanah Rakyat Sabah juga mempunyai beberapa buah helikopter sekarang.*

A : *Apakah rancangan-rancangan yang dijalankan oleh Skim Amanah Rakyat Sabah?*
B : *Badan ini, menyedari sumber ekonominya yang utama ialah dari perusahaan kayu balak, telah mengorak langkah memulihkan hutan yang telah diteroka atau memelihara hutan yang belum diusik.*

A : *Apakah projek-projek lain Skim Amanah Rakyat Sabah itu?*
B : *Antara projek pemulihan yayasan itu ialah menanam kayu palpa di Burma dan di Luasang. Dianggarkan kira-kira tujuh ribu ekar akan ditanam dengan pokok kayu palpa.*

A : *Oh, begitu.*
B : *Skim Amanah Rakyat Sabah juga mengadakan perusahaan integrasi berasaskan kayu-kayan. Dalam perusahaan ini badan itu mengadakan usahasama dengan pemodal-pemodal dari dalam dan luar negeri.*

A : *Tentu modal yang diperlukan besar?*
B : *Bagi rancangan tersebut, $200 juta telah diperuntukkan dan hampir dua ribu peluang pekerjaan disediakan.*

Vocabulary

dilancarkan	launched
dalam tahun	in the year
berhak menjadi	rightful to become
sumbangan utama	main contribution
akan ditanam	will be planted
usahasama	joint venture
menyedari	aware of
perusahaan	industry
telah diteroka	have been logged or cleared
Dianggarkan	is estimated
telah diperuntukkan	have been allocated
berasaskan kayu-kayan	timber based
integrasi	integration
yayasan	foundation

Industri Minyak

A : *Industri minyak di Terengganu telah melahirkan industri berat dan menarik minat pelabur-pelabur luar.*

B : *Memanglah. Kerajaan Terengganu yakin kesan pembangunan di bidang petroleum pasti melahirkan banyak industri berat di negeri kita, melibatkan pelaburan berpuluh-puluh juta ringgit menjelang tahun 2000.*

A : *Pembangunan pesat itu sungguh mengkagumkan.*

B : *Sebuah kilang besi akan dibina di kawasan perindustrian Teluk Kalung yang dianggarkan berharga berpuluh juta ringgit.*

A : *Itu berita yang menggalakkan. Kerajaan Negeri sentiasa mengalu-alukan kedatangan pelabur luar ke negeri kita tetapi tidak juga melupakan peluang-peluang kepada pelabur-pelabur tempatan.*

B : *Memang benar. Dijangka peruntukan $3,000 juta akan dibelanjakan untuk menjayakan projek memproses minyak dan pusat pembekalan petroleum merupakan kumpulan wang yang banyak, tetapi kerajaan yakin hasilnya akan berlipat kali ganda.*

A : *Sikap optimis kerajaan patut dipuji. Kerajaan Negeri meramalkan pelaburan akan meningkat berpuluh ribu juta ringgit menjelang awal abad yang ke-21.*

B : *Rakyat mestilah bekerjasama dan berusaha menjayakan rancangan-rancangan kerajaan.*

Vocabulary

menarik minat	attracted the attention
pelabur-pelabur	investors
yakin	confident
melibatkan	involving

mengkagumkan	astonishing
yang menggalakkan	encouraging
tempatan	local
Dijangka	anticipated
tidak juga melupakan	not forgetting
peluang-peluang	opportunities
Sikap optimis	optimistic attitude
awal abad	early century
rancangan-rancangan kerajaan	government programmes

Taman Negara

A : *Mengapa Taman Negara menjadi tumpuan pelancong-pelancong?*

B : *Meluncur di atas jeram-jeram di Taman Negara, berkhemah di tebing sungai, menikmati ikan kelah yang dipanggang dan tidur berselimutkan bintang-bintang adalah suatu pengalaman yang benar-benar tidak boleh dilupai oleh pelancong-pelancong.*

A : *Bagaimana pula Taman Negara di Sabah and di Sarawak?*

B : *Sungguh seronok juga berkelah di Taman Negara Kinabalu dan mendaki gunung yang tertinggi sekali di Asia Tenggara. Bunga-bunga dan tumbuhan liar yang terdapat di situ sungguh cantik sekali. Gua Niah di Sarawak sungguh mengkagumkan sebab gua itu begitu besar dan penuh dengan kelawar-kelawar. Taman Negara Bako juga cantik tempatnya.*

A : *Bagaimana pula dengan kehidupan liar?*

B : *Bagi mereka yang berminat pada kehidupan liar, Taman Negara tidak mengecewakan.*

A : *Gunung Tahan berhampiran, bukan?*

B : *Ya. Bagi mereka yang ingin mendaki, sebab inilah gunung yang tertinggi di Semenanjung Malaysia.*

Vocabulary

pelancong-pelancong	tourists
berkhemah	camping
yang dipanggang	roasted
bintang-bintang	stars
tidak boleh dilupai	cannot be forgotten
Sungguh seronok	very jubilant
gua begitu besar	such a huge cave

tidak mengecewakan	not disappointing
berhampiran	near by
kelawar-kelawar	bats
juga cantik	also beautiful
kehidupan liar	wild life
Bagi mereka	for them
mendaki	ascend
tertinggi	highest. The prefix *ter-* denotes superlative degree
Semenanjung Malaysia	Peninsula Malaysia

Kuala Lumpur

A : *Nampaknya Kerajaan merancang berbagai projek besar untuk menonjolkan imej Kuala Lumpur sebagai kota indah yang menjadi lambang kemegahan rakyat Malaysia.*

B : *Ya. Kerajaan mahu rakyat megah dengan ibu kota. Pemimpin-pemimpin kita sedang membincangkan masalah pembangunan Kuala Lumpur sebagai pusat ekonomi, pentadbiran dan politik.*

A : *Projek-projek pembangunan mengkagumkan.*

B : *Kawasan-kawasan persekitaran Bangsar dimajukan dengan pesat. Setinggan-setinggan disusun semula sejajar dengan pembangunan sosial, ekonomi dan kebudayaan masyarakat Kuala Lumpur.*

A : *Penyusunan ini tentunya melibatkan ramai orang.*

B : *Rakyat patutlah berganding bahu dengan kerajaan dan menerima proses penukaran yang akan menguntungkan mereka sendiri.*

A : *Ramai menyedari tujuan kerajaan yang baik itu. Rancangan mengindahkan bandaraya juga dijalankan secara besar-besaran.*

B : *Baguslah. Kerajaan juga memperketatkan undang-undang dan peraturan bagi menjamin ibu kota sentiasa bersih dan indah.*

A : *Langkah ini wajar benar. Orang yang membuang sampah-sarap sesuka hati mesti didenda.*

Vocabulary

merancang berbagai	plan various
sebagai kota indah	as a beautiful city
sedang membincangkan	are discussing
masalah pembangunan	development problems
persekitaran	surrounding

sejajar dengan	in line with
kebudayaan	culture
penukaran	change
akan menguntungkan	will benefit
Ramai menyedari	many are aware
mengindahkan	beautify
memperketatkan	tighten
sentiasa bersih	always clean
sampah-sarap	rubbish, refuse
mesti didenda	should be fined

Pelesenan Pekebun-Pekebun Kecil

A : *Saya rasa pelesenan pekebun-pekebun kecil kelapa sawit sangat penting.*
B : *Kempen mendaftar dan melesen pekebun-pekebun kecil sudah pun dilancarkan.*
A : *Mungkin langkah ini diambil untuk kebaikan pekebun-pekebun kecil itu juga.*
B : *Ya. Tujuan pelesenan pekebun-pekebun kecil adalah untuk membolehkan mereka menjual buah kelapa sawit dengan cara sah kepada peniaga-peniaga dan pengilang-pengilang yang berlesen.*
A : *Adakah faedah yang lain?*
B : *Selain daripada itu ia juga bertujuan untuk memudahkan perancangan dan kemajuan pekebun-pekebun kecil kelapa sawit.*
A : *Peraturan baru sungguh ketat, bukan?*
B : *Ya. Di bawah peraturan-peraturan pelesenan, mereka yang terlibat dalam perusahaan minyak kelapa sawit termasuklah pekebun-pekebun kecil kelapa sawit mestilah mempunyai lesen sah sebelum dibenarkan menjalankan apa juga urusan berkaitan dengan kelapa sawit.*
A : *Dasar ini mungkin akan membawa kesan baik.*
B : *Adalah menjadi satu kesalahan sekiranya urusan menjual buah kelapa sawit dilakukan tanpa lesen yang sah.*
A : *Peraturan ini boleh menjamin masa hadapan yang lebih baik kepada pekebun kecil.*

Vocabulary

pelesenan	licensing
sangat penting	very important
sudah pun dilancarkan	has been launched

terlibat	involved
langkah ini	this step
untuk kebaikan	for the good
dengan cara sah	in the right way
peniaga-peniaga	traders
memudahkan	to ease
peraturan-peraturan	regulations
sebelum dibenarkan	before allowing
Dasar ini	this policy
mungkin akan membawa	will probably bring
kelapa sawit	oil palm
boleh menjamin	can guarantee

Industri Berat

A : *Industri berat di negara kita telah dipesatkan.*
B : *Itu satu tanda yang sihat. Kerajaan juga berusaha mewujudkan banyak industri berat di negara kita.*
A : *Nampaknya akan tercapailah hasrat kerajaan untuk meninggikan bidang perindustrian di negara kita agar setanding dengan negara-negara maju yang lain.*
B : *Jelaslah bahan mentah negara dapat diproses sepenuhnya di sini serta menyediakan pekerjaan kepada rakyat.*
A : *Baguslah. Barangan perkilangan yang dihasilkan di negara kita mungkin bukan sahaja untuk memenuhi keperluan negara tetapi juga untuk dieksport, seperti hasil pengeluaran kilang-kilang di kawasan perdagangan bebas yang wujud di negara kita.*
B : *Ya. Malaysia berharap dapat mengeluarkan sendiri 60 peratus dari komponen kereta di samping menubuhkan kilang besi berongga di Sabah dan Terengganu serta kilang kertas di Kelantan untuk keperluan negara dan dieksport.*
A : *Harap industri berat semakin hari semakin maju.*
B : *Pastilah perusahaan ini akan membawa keuntungan yang lumayan.*

Vocabulary

dipesatkan	accelerated
berusaha	making efforts
hasrat	wish, aspiration
setanding dengan	at par with
negara-negara maju	developed countries
sepenuhnya	in full
bahan mentah	raw material

kilang kertas	paper factory
Jelaslah	it is clear
yang dihasilkan	which are produced
memenuhi keperluan	fulfill the needs
kawasan perdagangan	industrial zone
mengeluarkan	produce
di samping	in addition to
Pastilah	certainly

197

Perusahaan Nanas

A : *Langkah-langkah yang sewajarnya perlu diambil untuk menyelamatkan perusahaan nanas.*

B : *Kerajaan sudah pun mengambil langkah yang positif dengan menaikkan bantuan tanam semula kepada pekebun-pekebun kecil yang memiliki tanah kurang dari enam ekar. Sebelum ini bantuan itu hanyalah $600 seekar. Kini ia meningkat kepada $1,400.*

A : *Adakah kemudahan-kemudahan lain diberikan?*

B : *Kerajaan juga memberi subsidi baja pada kadar 50% dari keperluan pekebun-pekebun kecil.*

A : *Langkah kerajaan patut dipuji.*

B : *Kerajaan juga menaikkan harga nanas.*

A : *Tidak syak lagi segala ini memberi faedah yang besar. Harga yang tinggi serta bantuan tanam semula yang bertambah akan menggalakkan pekebun-pekebun kecil menanam semula nanas mereka.*

B : *Langkah-langkah ini boleh menyelamatkan perusahaan nanas di negara ini.*

A : *Tapi ada juga masalah. Pengilang-pengilang, saluran utama yang menyerap hampir semua hasil pekebun kecil sekitar Johor, menghadapi berbagai masalah yang mengancam pertumbuhannya.*

B : *Malaysia juga menghadapi saingan sengit dari negara-negara pengeluar lain terutama Thailand, Filipina dan Taiwan.*

Vocabulary

perlu diambil	should be taken
menyelamatkan	save
bantuan	assistance
memiliki	possess
Sebelum ini	before this

kemudahan-kemudahan	facilities
patut dipuji	should be praised
bertambah	increase
ada juga masalah	there are also problems
saluran utama	main source
berbagai masalah	various problems
menghadapi	facing
saingan sengit	stiff competition

Punca Penyakit Barah

A : *Benarkah lemak dan minyak punca penyakit barah?*
B : *Ramai berkata begitu. Berbagai teori dikemukakan berhubung dengan sebab berlakunya barah atau kanser, penyakit yang kurang diketahui tetapi selalu menyebabkan maut, dan teori terbaru ialah mungkin berpunca di dapur kerana penggunaan minyak masak yang sama berulang kali oleh suri rumah.*
A : *Boleh jadi. Walaupun barah diketahui sebagai penyakit akibat berbagai faktor, terdapat bukti yang bertambah bahawa bahan-bahan makanan yang kaya menjadi satu dari sebabnya.*
B : *Ya. Satu dari bahan itu ialah lemak dan masalah lemak dalam makanan mengelirukan pakar-pakar makanan sekian lama.*
A : *Tapi, lemak juga merupakan bahan makanan yang penting, tidak sahaja sebagai sumber tenaga malah bagi struktur sel dan perjalanan membersih selain menjadi alat bagi vitamin yang serap minyak.*
B : *Bagaimanapun dalam dekad lalu terdapat kemajuan besar dalam pengetahuan mengenai nilai makanan dan kesan lemak dan menurut pengetahuan terbaru lemak dan minyak boleh menyebabkan barah.*
A : *Kita wajiblah berhati-hati berkenaan makanan.*
B : *Ya. Makanan yang tidak seimbang boleh merosakkan kesihatan.*

Vocabulary

lemak	fat
minyak	oil
barah	cancer
Berbagai teori	various theories
penyakit	disease

menyebabkan maut	cause death
terbaru	recent
suri rumah	housewives
satu dari sebabnya	one of the causes
mengelirukan	confuse
pakar-pakar	experts
dekad lalu	last decade
kemajuan	progress
berhati-hati	cautious
tidak seimbang	not balanced

199.

Bukit Malawati

A : *Bukit Malawati satu-satunya tempat bersejarah dan tempat melancong di Kuala Selangor.*
B : *Memanglah. Nama itu sudah tidak asing lagi kepada orang ramai khususnya ahli-ahli sejarah.*
A : *Para pelancong berpusu-pusu ke situ. Bukit itu mempunyai sejarahnya yang tersendiri dari segi pemerintahan Raja-raja Melayu silam. Kesan-kesan sejarah lama banyak di situ.*
B : *Saya sudah melawat tempat itu beberapa kali. Di puncak bukit yang indah dengan pohon-pohon rendang terdapat makam-makam diraja Selangor serta beberapa pucuk meriam purba yang dijaga dengan baik.*
A : *Tempat itu perlu diperindahkan sebab mendapat perhatian dan sering dikunjungi oleh para pelancong.*
B : *Ya. Setiap minggu dan pada hari kelepasan awam puncak Malawati menjadi tumpuan ramai sebagai pusat pelancongan tempatan.*
A : *Mujurlah. Semua kesan sejarah di situ masih gagah berdiri sebagaimana biasa, dan saya rasa Batu Hampar, satu-satunya kesan sejarah yang tinggi nilainya wajib dipelihara dengan lebih rapi lagi.*
B : *Kerajaan pasti akan mengambil langkah-langkah yang sewajarnya.*

Vocabulary

tempat bersejarah	historical place
Memanglah	certainly
tidak asing	not new
ahli-ahli sejarah	historians
dari segi	from the view

pemerintahan	reign
Kesan-kesan	impact
sudah melawat	have visited
beberapa kali	several times
makam-makam diraja	royal graves
perlu diperindahkan	should be beautified
dikunjungi	visited
Setiap minggu	every week
Mujurlah	fortunate
tinggi nilainya	of great value
yang sewajarnya	appropriate

200

Ilmu dan Perpaduan

A : *Saya rasa ilmu dan perpaduan kunci kemajuan.*
B : *Memang benar. Kunci kemajuan sesuatu bangsa ialah ilmu dan perpaduan yang wujud di kalangan rakyat.*
A : *Kalau tinggi ilmu, bangsa itu akan maju dan jika wujud perpaduan pula, bangsa itu pasti mencipta satu tamadun yang tinggi mutunya.*
B : *Memang benar. Betapa rendah dan lemahnya bangsa yang tidak mempunyai ilmu dan perpaduan, kerana dua perkara ini adalah kunci kemajuan di dunia dan akhirat.*
A : *Benar. Pelajar-pelajar bukan sahaja harus lebih tekun menuntut ilmu pengetahuan, tetapi hendaklah mendampingi diri mereka dengan kegiatan masyarakat.*
B : *Ya. Pelajar-pelajar hendaklah sama-sama berganding bahu menjayakan hasrat dan cita-cita kerajaan membawa perubahan dan kemajuan untuk rakyat.*
A : *Benar. Tanpa penglibatan mereka cita-cita kerajaan sukar dicapai dengan jayanya.*
B : *Mujurlah peluang pelajaran kini amat luas dan sesiapa saja yang berkebolehan boleh meneruskan pengajian tinggi di negara kita.*

Vocabulary

perpaduan	solidarity
kunci kemajuan	key to success
di kalangan	among
akan maju	will progress
tamadun	civilization
Betapa rendah	how low
tidak mempunyai	not possessing

akhirat	the next world
bukan sahaja	not only
dengan kegiatan	with activities
berganding bahu	should cooperate
membawa perubahan	bring changes
untuk rakyat	for the people
cita-cita	ambition
Mujurlah	fortunate indeed
boleh meneruskan	can continue
pengajian tinggi	tertiary education

TIMES LEARN MALAY

Malay in 3 Weeks *by John Parry and Sahari Sulaiman*
A teach-yourself Malay book that enables you to communicate in practical everyday situations.

Malay Made Easy *by A.W. Hamilton*
How to speak Malay intelligibly and accurately.

Easy Malay Vocabulary: 1001 Essential Words *by A.W. Hamilton*
A handbook to enlarge your vocabulary and to ensure effective communication in Malay on a wide range of topics.

Speak Malay! *by Edward S. King*
A graded course in simple spoken Malay for English-speaking people.

Write Malay *by Edward S. King*
A more advanced course on how to read and write good modern Malay.

Learn Malay: A Phrase a Day *by Dr. G. Soosai*
A simple but comprehensive way to learn Malay in 365 days.

Converse in Malay *by Dr. G. Soosai*
A compilation of the highly successful RTM *Radio Lessons* series, a programme which proved both popular and beneficial to thousands of listeners in mastering Malay.

Malay Phrase Book For Tourists *by Hj Ismail Ahmad & Andrew Leonki*
The indispensable companion, it helps tourists in everyday situations in a Malay-speaking world.

Standard Malay Made Simple *by Dr. Liaw Yock Fang*
An intensive Standard Malay language (bahasa Melayu baku) course designed for adult learners with no previous knowledge of the Malay language.

Speak Standard Malay *by Dr. Liaw Yock Fang*
An easy and comprehensive guide which enables you to acquire fluency and confidence in speaking standard Malay in only 3 months.

TIMES LEARN INDONESIAN

Standard Indonesian Made Simple *by Dr. Liaw Yock Fang with Dra Nini Tiley-Notodisuryo*
An intensive Standard Indonesian language course designed for beginners to gain mastery of the language.

Speak Standard Indonesian: A Beginner's Guide *by Dr. Liaw Yock Fang with Drs. Munadi Patmadiwiria & Abdullah Hassan*
An easy and comprehensive guide which enables you to acquire fluency and confidence in speaking Indonesian in only a few months.

Indonesian In 3 Weeks *by Dr. Liaw Yock Fang with Drs. Munadi Patmadiwiria & Abdullah Hassan*
A teach-yourself Indonesian book that enables you to understand what people say to you, and to make yourself understood in everyday situations.

Indonesian Phrase Book For Tourists *by Nini Tiley-Notodisuryo*
A handy reference for every traveller, it helps you in everyday situations during your stay in Indonesia.

REFERENCE

Times Comparative Dictionary of Malay-Indonesian Synonyms
compiled by Dr. Leo Suryadinata, edited by Professor Abdullah Hassan
For learners of Malay and Indonesian who want to know the differences that exist between the two languages.

Tesaurus Bahasa Melayu *by Prof. Madya Noor Ein Mohd Noor, Noor Zaini Mohd Ali, Mohd Tahir Abd Rahman, Singgih W. Sumartoyo, Siti Fatimah Ariffin*
A comprehensive A–Z thesaurus that enables you to master Malay vocabulary effectively.